認知特性タイプを知って
隠れた「得意」を掘り起こす!

子どもの「ほんとうの才能」を最大限に伸ばす方法

本田真美
MANAMI HONDA

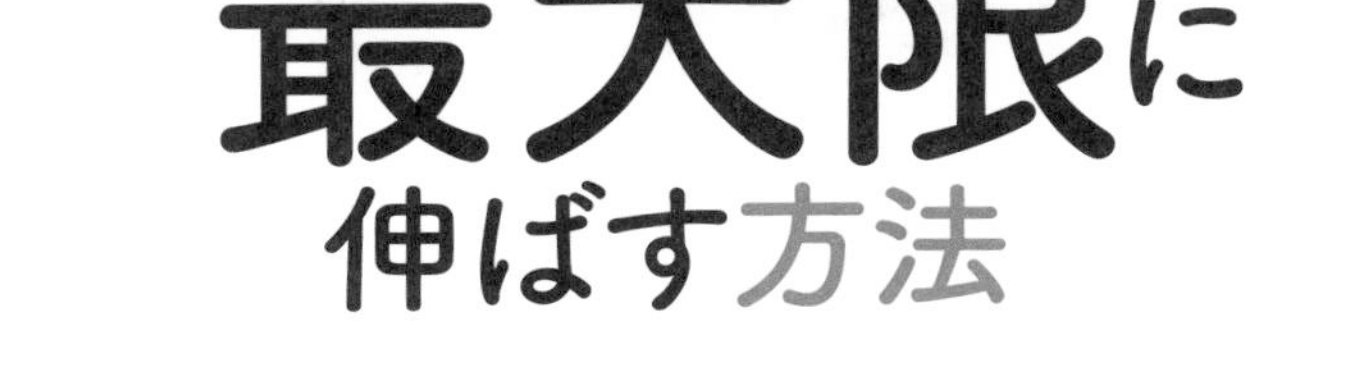

河出書房新社

はじめに

「認知特性」という言葉を聞いたことがあるでしょうか?

この本を手に取ってくださった方の多くが、初めて聞いた言葉なのではないでしょうか。認知特性とは、見る、聞く、読むことでインプットした情報を理解、整理、記憶し、文字や言葉、絵や図などでアウトプットする(表現する)までの一連の方法のことです。

これは、誰もが日常的に行っていることですが、あなたとあなたのパートナー、そしてお子さんが、同時に同じものを見て、同じ体験をしたとしても、同じ方法で理解し、表現するとは限りません。

小児発達医である私は、幼い頃から「言葉」を読み、聞き、理解し、記憶し、書くのが当たり前のこと、みんなが自分と同じ方法で物事を考えるものだと疑うことはありませんでした。

しかしながら27歳のときに出会ったデザイナーの夫は、私とはまったく別の方法でさまざまな情報を理解し、頭の中で整理し、表現をする人でした。

まったく別の世界に住んでいる異星人のようで、とても興味深く惹《ひ》かれましたが、結婚し生活を共にするなかで、互いに通じ合えないことも多く、「この人とは合わない」と悩んだ時期もありました。


二人の間に生まれてきた長男も、私とはまったく別の思考方法を持った宇宙人。

「言葉」を使わずに「かたち」「色」「空間」が、彼の頭の中に溢《あふ》れていました。本を読んであげても興味なし。怪獣のフィギュアを戦わせて何時間でも空想の中で遊ぶ息子。宿題をていねいに教えてあげても、「ママの言っていることわかんないから絵で描いて」と言う息子。

遊びも勉強もコミュニケーションも、興味を持つことも、好きなことも、得意なことも、私のおなかから生まれてきた子なのに、私とはまったく違う息子に戸惑うばかりの子育てでした。

こうして、みんなが同じ方法で物事を理解したり、考えたり、説明するわけではなく、それぞれの特性に合ったやりやすい方法があるのだと、夫と息子に教えてもらいました。

本書で詳しく紹介していますが、認知特性は、大きく三つのタイプに分けて考えます。

「言葉」を使うのが得意な言語優位の人

「イメージ」を使うのが得意な視覚優位の人

「音」を使うのが得意な聴覚優位の人

さらに、それを二つずつに分け、6タイプとしています。

本書の62ページ以降に、低年齢用と一般用の認知特性タイプチェックリストを掲載していますので、ぜひ、お子さんとご自身のタイプをチェックしてみてください。ご自身の認知特性を知ることは、お子さんの認知特性を理解する手掛かりにもなります。

学校の勉強も、社会のコミュニケーションもすべて認知特性が関係しています。認知特性はどの特性がすぐれているかではなく、どの方法がやりやすいかということ。でも、多くの人が認知特性を知らずに生活をしています。学校の授業でも、教える先生と、教わる生徒の認知特性が違えば、成績は伸びるはずがありません。繰り返しになりますが、物事を理解するにはそれぞれの生徒にとってのやりやすさがあるのです。ノートの書き方も、参考書選びも、教室にいる生徒みんなが同じではありません。漢字を10回書くよりも、何度も繰り返し見るほうが、あるいは何度も声に出したほうが覚えやすい生徒がいます。九九をひたすら暗唱するよりも、九九表を見るほうが、あるいは九九カードという数量として捉えるほうが理解しやすい生徒がいます。

こうしたことをどれだけの親が、先生が、大人が、そして子どもたち自身が知っているのでしょうか。

認知特性には優劣がないと言いましたが、学習に有利なのは「言葉」を使うのが得意な人たちです。教科書も、板書も、先生が説明するのも、すべて「言葉」を使うからです。「言葉」で考えたり覚えたりするのが得意でない「イメージ」タイプの子は「言葉」が得意な人とは違った視覚的なイメージによる勉強方法を選択したほうが、じつは苦労が少なく効率的なのです。

視覚優位の子は「言葉」で理解しようとせず、自分に合った「イメージ」で理解すればいいだけなのに、「言葉」が得意な先生が「言葉」で教え「言葉」というモノサシで生徒たちを画一的に評価しがちなため、「イメージ」を使えない視覚優位の子たちは評価が低く（成績が悪く）なってしまうのです。

そんな大人勝手のモノサシで測られ、幼い頃から「できない子」というレッテルを貼られてしまう子どもが、もしいたら、その子の秘められた別の能力は、誰にも気づかれずに開花しないままになってしまうかもしれません。

「言葉」が得意な私は、学校の成績が悪いわが息子を、私自身のモノサシで「頭が悪い」

と評価し、落ち込みました。

その一方、「イメージ」が得意な夫は、自分と同じタイプの息子を成績では評価しませんでした（きっと、夫自身も同じ「言葉」のモノサシで評価され続けていたことに嫌気が差していたのでしょう）。


夫の評価のモノサシは「言葉」ではなく、「イメージ」。

教科の成績が誰かよりすぐれているかどうか、ということはどうでもよくて、「友だちとは違うことをしたい。友だちと同じじゃつまらない」という息子の発想力のほうを重視し、そこを伸ばそうと注力していました。息子は今年20歳になり、ファッションデザイナーを目指して毎日生き生きと洋服のデザインをしています。

さらに4歳下の妹は高校生。

兄と同じく「言葉」で考えるよりは「イメージ」派。聴覚からの情報処理がすぐれている彼女は英語が大得意。中高一貫の女子校を辞め、高校はインターナショナルスクールへ進学。ほんとうに自分のやりたいことを探しつつ、海外へ目を向けています。

生まれ持っての特性か、育つ環境がそうさせるのか……。

子育てにおける自分の理想像や価値観を私が見つめ直すことができたのは、認知特性のおかげでした。

認知特性は、私にとって子育ての道しるべ。

自分とは違う特性を持っている子どもたちを認め、肯定し、応援できるようになったのです。

ＡＩがものすごい勢いで進化している時代を生きる子どもたちは、これまでのように、ただ学校の成績がよければいい、という単純な価値観では生きられなくなっています。

これからの時代、子どもを助けてくれるのが、「得意なもの」「好きなこと」だと思うのです。

子どもたちの進む未来には、ほんとうにたくさんの選択肢が溢れています。

自分のやりたいことに生きがいを持ち、前に向かって進んでいる子どもたちはとても幸せそうです。

認知特性がお子さんの素晴らしい一面を見つけ出すヒントとなり、親子のよりよい関係を築く一助になれば幸いです。

目次

第1章

お子さんの「得意なこと」、ほんとうに理解していますか

第2章 お子さんの特性を伸ばす「認知特性」を知ろう

第3章

才能開花のヒントがわかる！ 認知特性タイプ ガイド

第4章

お子さんの可能性を最大限広げる能力の伸ばし方

プロローグ

認知特性
6タイプ

視覚優位者❶

カメラタイプ

言葉で説明するより、
絵や図で表現する
ほうが伝えやすいよ

お絵描きや
ブロック、パズルで
遊ぶのが好きだよ

3歳以前の情景を
いくつか
鮮明に覚えているよ

◀ 詳しくは114ページ～で解説しています。

視覚優位者❷

3Dタイプ

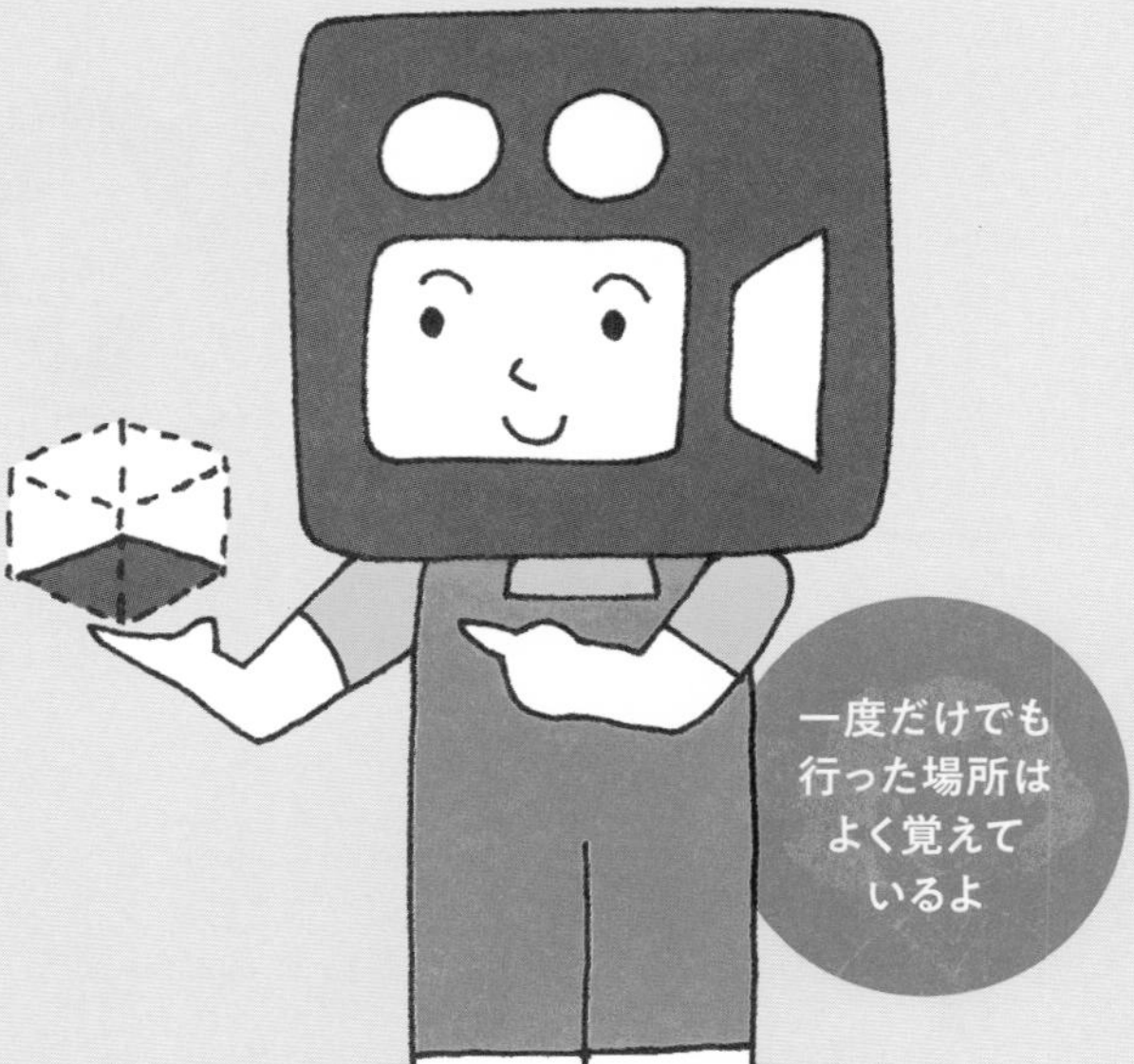
一度だけでも
行った場所は
よく覚えて
いるよ

映画や動画などの
映像を記憶する
のが得意だよ

物事を立体的に捉える
から、奥行き感や
立体感のある絵を描くよ

人の顔を覚える
のも得意だよ

◀ 詳しくは120ページ〜で解説しています。

言語優位者❶

ファンタジータイプ

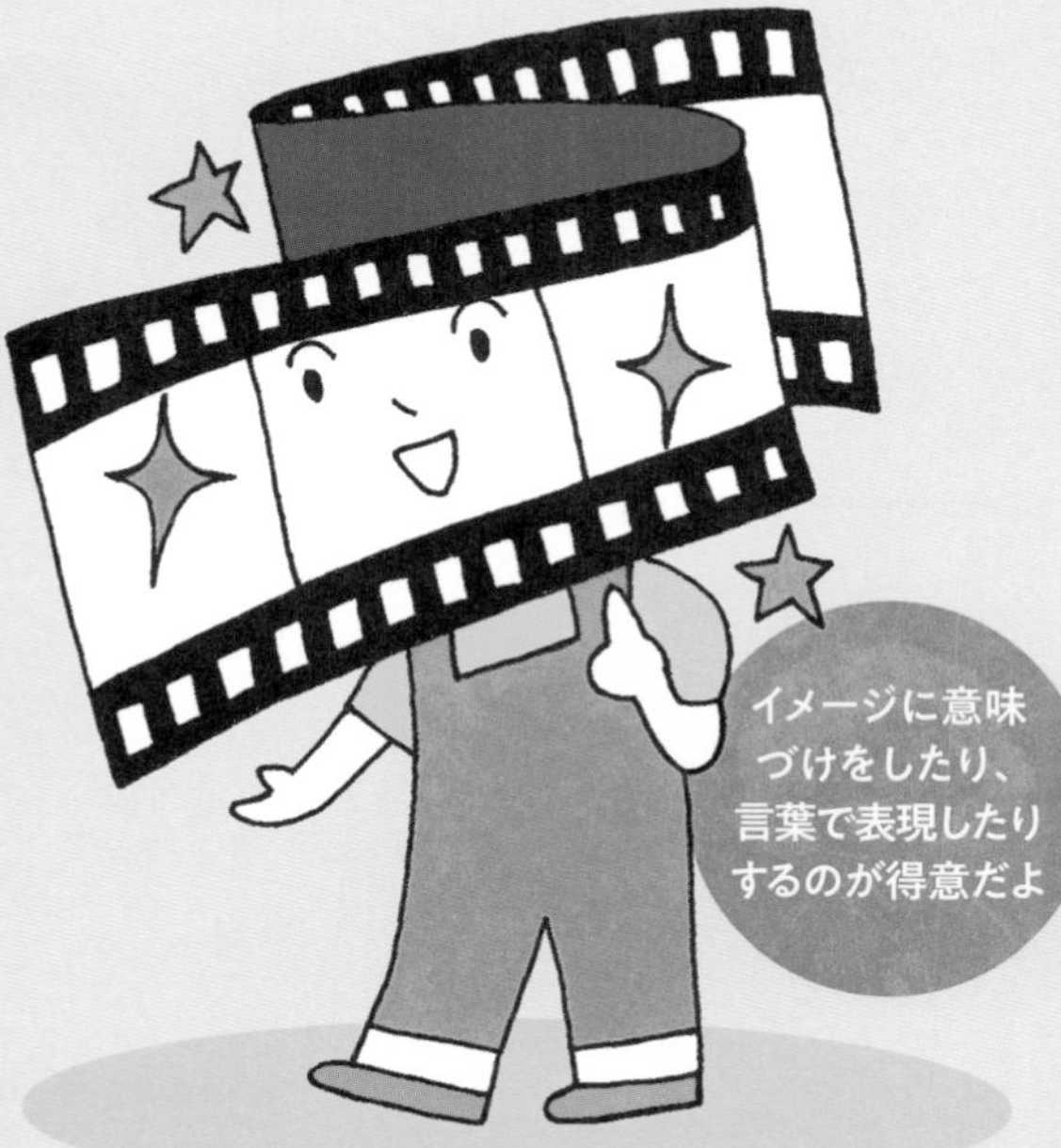

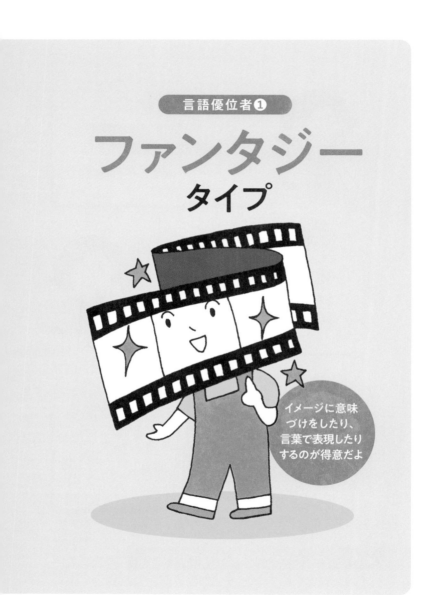

イメージに意味
づけをしたり、
言葉で表現したり

読んだり聞いたりした内容を
映像にして覚えたり、
理解したりするよ

ごっこ遊びをしたり、
お話を考えたりする
のが好きだよ

空想も好きで、
話をおもしろく
膨らませるよ

◀ 詳しくは126ページ～で解説しています。

言語優位者❷

辞書タイプ

難しい文章を
すぐに理解したり、
整理したりする
ことができるよ

ノートをうまく
まとめるのが得意で
読書も好きだよ

言葉は聞くよりも、
文字として見たほうが
覚えやすいよ

論理的に説明したり、
おしゃべりしたりするのが
上手だよ

◀ 詳しくは132ページ～で解説しています。

聴覚優位者❶

ラジオタイプ

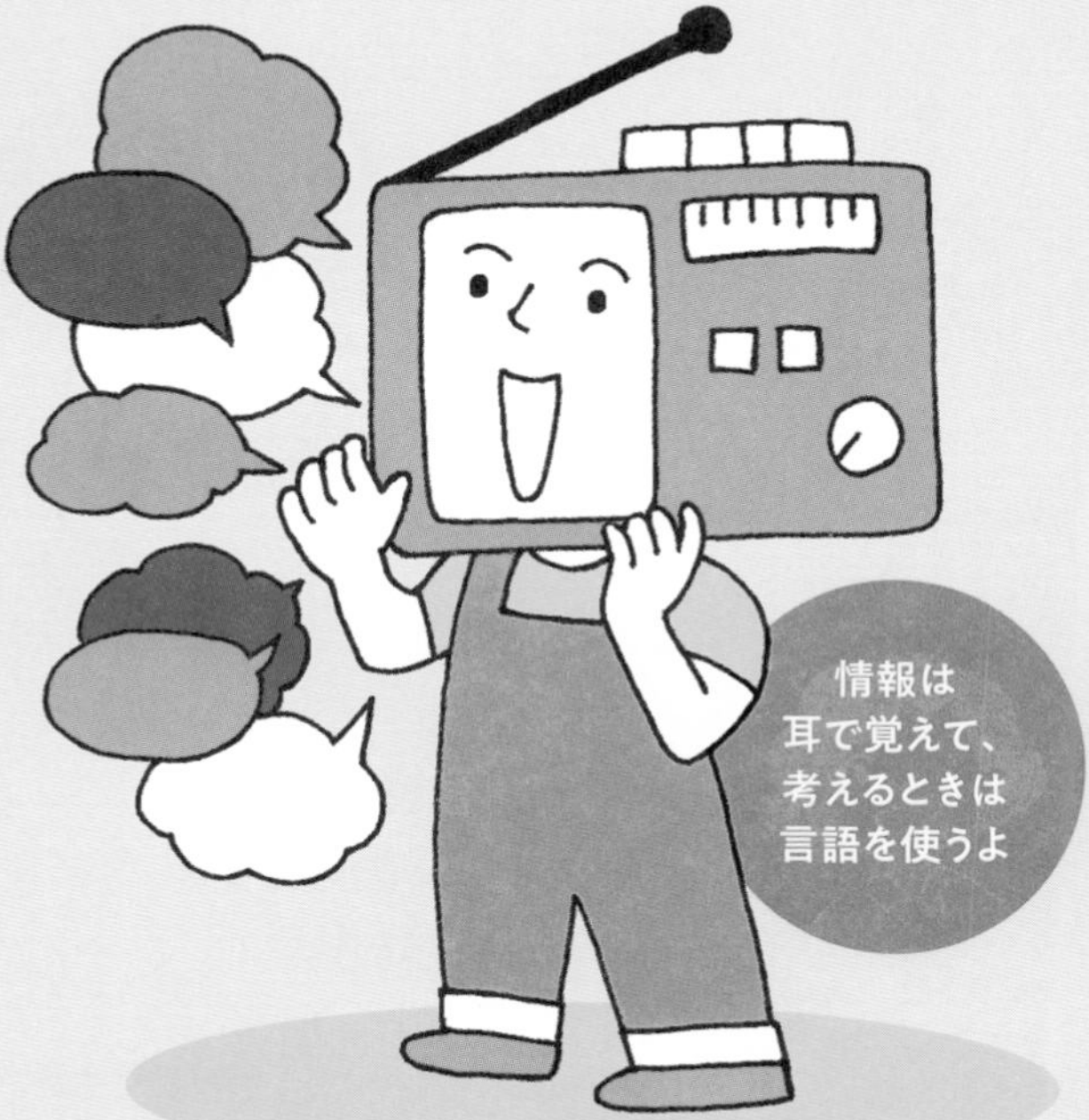
情報は
耳で覚えて、
考えるときは
言語を使うよ

ダジャレや替え歌、
かるたが得意だよ

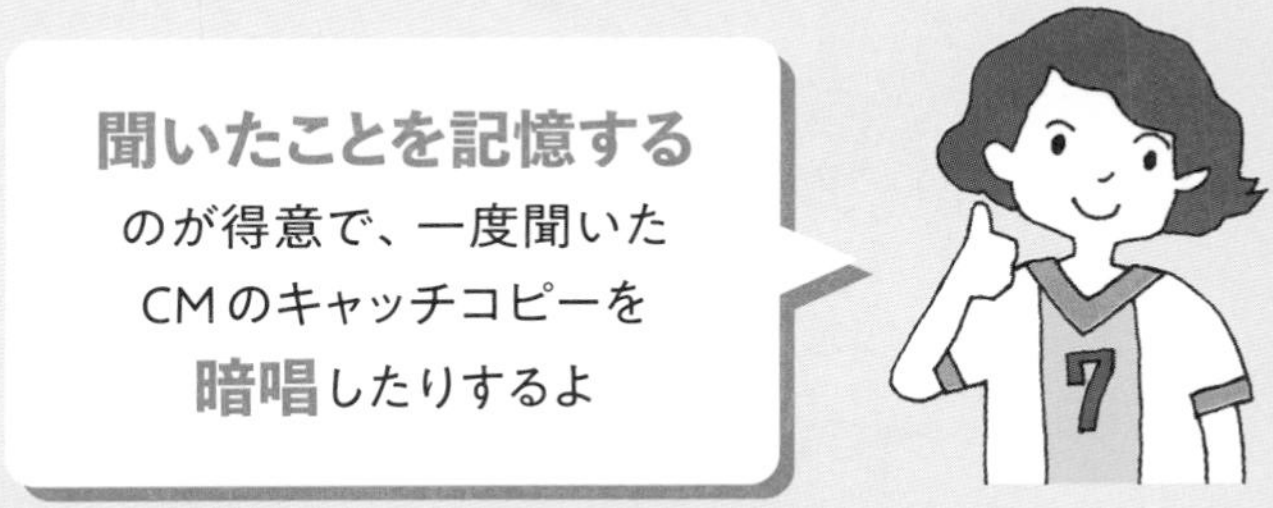
聞いたことを記憶する
のが得意で、一度聞いた
CMのキャッチコピーを
暗唱したりするよ

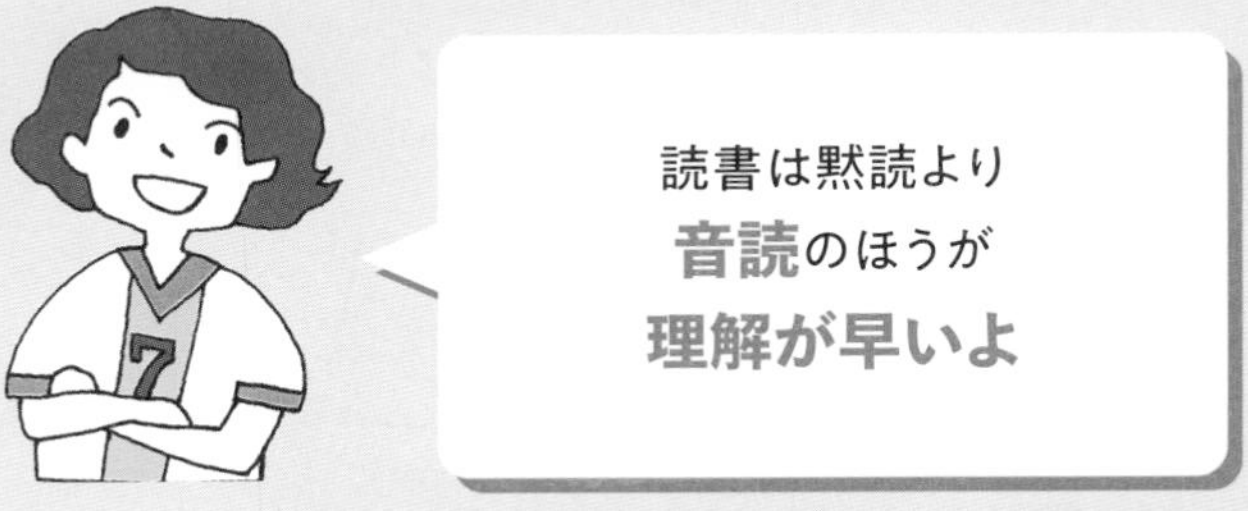
読書は黙読より
音読のほうが
理解が早いよ

◀ 詳しくは138ページ～で解説しています。

聴覚優位者❷

サウンドタイプ

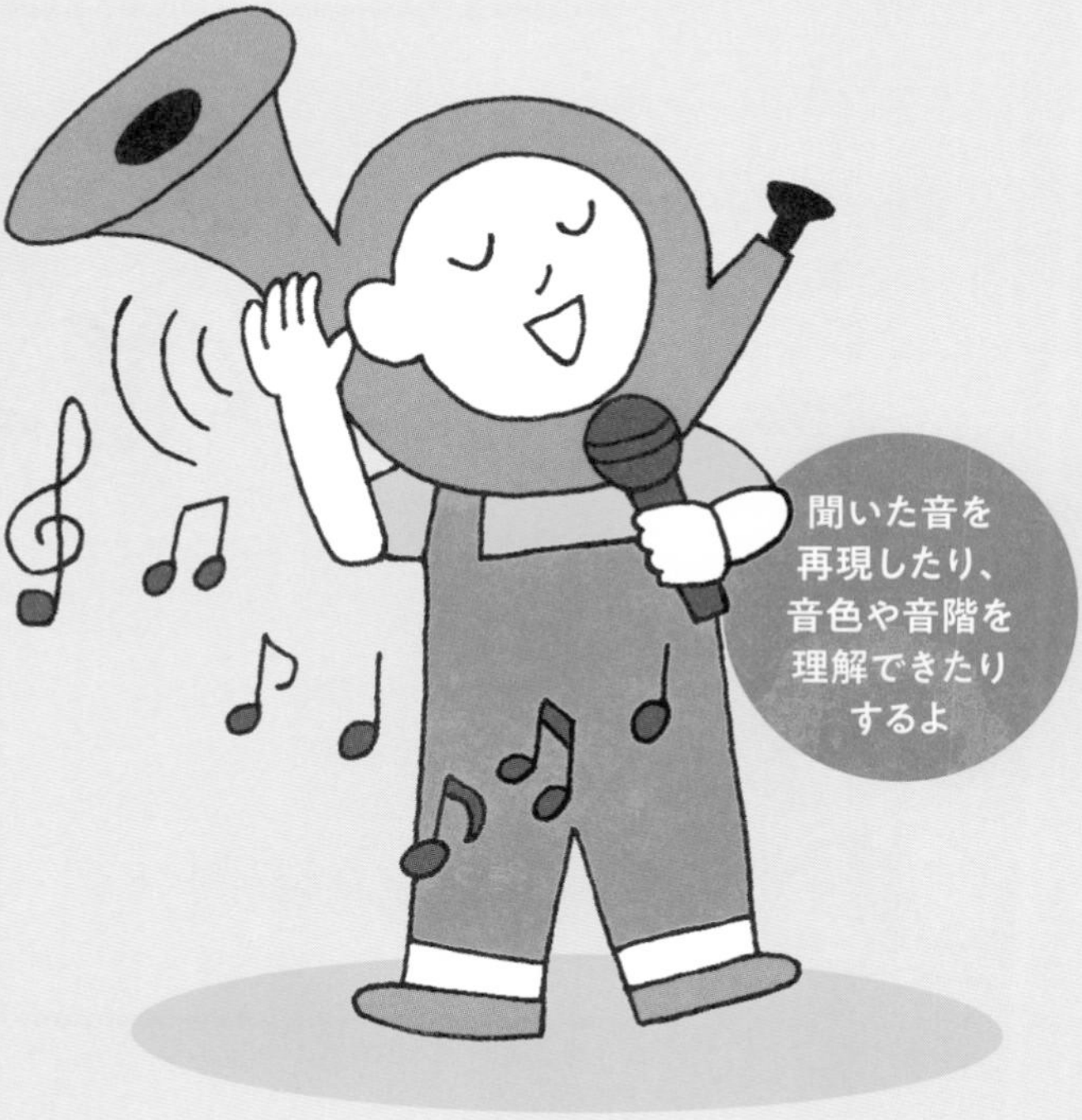
聞いた音を
再現したり、
音色や音階を
理解できたり
するよ

声マネやモノマネが
得意だよ

メロディーがあると
覚えやすいから、
口ずさむことで
記憶しやすいよ

絶対音感や相対音感を
持っている人が多いよ

◀ 詳しくは144ページ～で解説しています。

あなたの認知特性はどのタイプ？

6タイプを簡単に紹介しましたが、
お子さんに当てはまるタイプはありましたか？
下記のページで、ご自身やお子さんの
認知特性のタイプをチェックしてみましょう。

子どもの認知特性テスト（本田3歳式認知特性テスト）▶▶ 62ページ～

本田40式認知特性テスト ▶▶ 66ページ～

※本田認知特性研究所のLINE公式アカウントに友だち登録を行うと、LINE上で認知特性チェックが手軽に行えます。▶▶
https://www.cogtem.com/services/service-lineaccount/

第1章

お子さんの「得意なこと」、ほんとうに理解していますか

子どもの才能の芽を見つけるために親がすべきこと

頭のいい子に育ってほしい――多くの親がそう願うでしょう。では、「頭がいい」「知能が高い」とは、どういうことだと思いますか。

偏差値の高い、いわゆる「有名校」から誰もが知っているような一流企業に入り、その中でトップを走って高い収入を得る。日本ではこれまで、それが目指すべき道だと考えられ、成し遂げた人を成功者と称賛してきました。そのため、子どもの頭のよさは学校の成績のよさで評価されてきました。

でも、頭のよさや才能を評価する軸は、成績だけではありません。近年は「多重知能（マルチプルインテリジェンシーズ）」が注目されるようになり、その点を評価すべきだという流れになってきています。

多重知能とは、知能の高低の判断基準とされているIQ（知能指数）では推し量ることのできない、複雑で複合的な能力のこと。米国・ハーバード大学のハワード・ガードナー教授が1983年に提唱した理論で、人間には8の知能が備わっているというもの。8の知能とは、言語的知能、論理・数学的知能、音楽的知能、身体運動的知能、空間的知能、対人的知能、内省的知能、博物的知能のことで、現在では世界中で認知されています。学校の成績はそのうち言語的知能と論理・数学的知能の評価が大半を占めますが、知能はこの二つ以外にもたくさんあるというわけです。それらは、複雑な社会の中で子どもの生きる力、やり抜く力につながっていくものだと私は考えています。そのためには、学校の勉強とは関係なく「これだけは人に負けない」というものをつくってあげることが大切です。

熱中できることが見つかると子どもは大いなる能力を発揮する

子どもの秘められた才能を伸ばしたい――これも多くの親が望むことです。子どもの才能を開花させるために、英会話や音楽、アート教室などに通わせたり、野球やサッカーなどのスポーツを習わせたりしているご家庭がたくさんあると思います。

私のクリニックを受診している、ある発達障害（神経発達症）のお子さんは、5歳頃から始めたあやとりが大好きで、短期間でどんどん難しい技を取得。全国でも数少ない「あやとり教室指導員」の資格を取りました。また、学校の成績は振るわないけれど恐竜や昆虫が大好きで、その知識だったら先生にも負けないという子もいます。好きが高じて、ときには化石を発見したり、新種の昆虫を発見したりすることも。こうした子どもは、博物的な知能がすぐれているといえます。

子どもの特性を評価し、自信をつけさせることが親の役目

今は「一流企業に入れば人生安泰」という時代ではなく、人が生きる道はどんどん多様化しています。そんな時代を生きる子どもたちに、一つの正解を示すことはできません。

近い将来、多くの職種がＡＩに取って代わるといわれていますし、言語的知能や論理・

数学的知能などは、ＡＩの処理能力にはかなわないということもあります。親世代とは異なる価値観の中で子どもたちは生きていくことになるわけですから、**新しい価値観、新しい子どもへの視点が、これからの子育てには必要**になると思うのです。

あやとりに恐竜に昆虫……。子どものことを思うからこそ、親は「そんなことが得意でも将来食べていけないから、もっと勉強してほしい」と考えてしまうかもしれません。でも、今は多様性が重視される時代。子どもたちが大人になる頃には、それぞれの特性や能力が今よりももっと重視される時代になっていることでしょう。

子どもの才能を伸ばすために最も大切なのは、**子どもが自分の能力を発揮できる「何か」に出合い、興味を持って打ち込むこと、自信を持って取り組むこと**です。そして、親がその能力をきちんと評価したり、伸ばしたりしてあげることも欠かせません。

今、通っている習い事に、お子さんは時間を忘れるほど熱中していますか？　「〇〇なら誰にも負けない！　負けたくない！」と胸を張って語りますか？　習い事だけでなく、日常生活の中でも、何かに集中しているか、没頭できることがあるか、子どもの姿をよく見てあげてください。

「認知特性」を知ることで得意なこと、苦手なことがわかる

子どもの得意な部分を伸ばして自信をつけさせることが大切、ということを説明してきました。でも、「うちの子の得意なことってなんだろう」と悩んでしまう方も少なくないかもしれません。とくに年齢が低いほど経験値は少ないので、毎日接しているママやパパでも「わが子の得意なこと」は見つけにくいもの。そんなとき役に立つのが「認知特性」です。得意なことがわかれば、その反対にある苦手なことも把握できます。

認知特性とは、**見たこと、聞いたこと、読んだことなどを頭の中で理解、整理、記憶、表現するときの方法**のこと。生まれ持った思考の好みや、やりやすさといえます。大人は六つのタイプに分けますが、子どもは三つのタイプに分けます（62ページ）。なぜなら子どもは発達の途中なので、細かく分類するための材料がそろっていないからです。

どの認知力が優位かで、やりやすいことが変わる

人は情報の80パーセントを視覚から理解するといわれており、言葉で考えることが未発達の小さい子はとくにその傾向が強いのですが、同じものを見ても、すべての子どもが同じように理解しているわけではありません。**見る力が強い（視覚優位者）**、**聞く力が強い（聴覚優位者）**、**言葉力が強い（言語優位者）**と、三つの認知力のどれが優位なのかによって、物事の理解の仕方が変わります。認知特性は「思考の嗜好《しこう》」ともいえます。

理解しやすいということは、「やりやすい」ということ。スムーズにできることは気持ちがいいから好きになるし、「得意」と感じることもできます。たとえば、視覚優位の子は絵を描くのが好きだったり、ブロックやパズルが得意だったりします。聴覚優位の子は、歌を歌ったり楽器を演奏したりするのが上手で、人のモノマネも得意。言語優位の子はおしゃべりが上手で、本を読むのが好き。ざっくり言うとそんな傾向にあります。

年齢の低い子どもは自分で認知特性のチェックができないので、言葉遊びが好き、ブ

ロック遊びが好き、絵本が好きといった、お子さんが好む遊びや、お子さんの普段の行動などから、親が判断することになります。そのため、あくまでも「うちの子はどうも耳から情報を取り入れるのが上手らしい」といった推測になります。それでも、**お子さんの得意分野や好きなものを見つけるためのヒントを、認知特性は与えてくれる**でしょう。

なお、テストの結果と解説を読んで「テストでは視覚優位になったけれど、うちの子は言語優位のような気がする」などと感じたときは、毎日お子さんと接しているご自身の感覚を優先してください。

また、「視覚優位の人は目でしか理解していない」などと誤解されることがあるのですが、そうではありません。視覚から入る情報を処理するのが得意ではあるけれど、聴覚でも言語でも情報を処理していますし、理解もしています。あくまでも、思考の好みが視覚に重きを置いているという量的な話です。この場面では聴覚を重視する、この場面では言語を重視するといったように、自然と使い分けていることも多いものです。もちろん、言語優位者、聴覚優位者の場合も同様です。

環境などの影響で後天的に得る認知力もある

認知特性は生まれながらに持っている個性ですが、**置かれた環境などの影響で後天的に得るものもあります**。じつは最近、後天的に視覚優位になった子どもたちがすごく増えていると感じています。子どもといっても中学生・高校生くらいの年代のお子さんたちですが、認知特性のタイプをチェックしてもらうと視覚優位になるのに、よく話を聞いてみると、本来の視覚優位者の特性を持っていないのです。たとえば、カメラタイプの人たちはシャッターを切るように記憶したり、動画で撮るような記憶の仕方をしたりするのが特徴で、3歳未満に見た情景を画像や映像で記憶していることがありますが、後天的に視覚優位になった人たちには、このような特徴は見られません。

もともとは言語や聴覚が優位なのに、**デジタルデバイスに囲まれた生活によって視覚優位になっている**のだと推測しています。小学校での授業や幼児教育でもデジタルデバイスが使われる現代、後天的な視覚優位は低年齢化していくのかもしれません。

人生を切り開く力は「得意なこと」を見極めることから

子どもはいずれ大きくなって社会に出ていきます。そのとき自分が生きやすい道を歩んでいけるようにすることが、親の大切な仕事だと私は考えています。ここで間違ってはいけないのは、親の仕事は道を用意してあげることではなく、**子どもが自ら道を選ぶのをお手伝いする**、というスタンスでいること。主体となるのは子ども本人です。

子どもの人生は「自分とは何か」を知ることから始まる

私は発達障害児のサポートを行う仕事をしていますが、近年、彼らには「合理的配慮」が必要であると盛んにいわれるようになりました。合理的配慮とは、障害のある人（子ども）が社会で生きやすくなるようルールを柔軟に変えるなど、平等な機会を確保すること。２００６年に採択された国連の障害者権利条約に盛り込まれた考え方です。具体的には、一人ひとりの特徴や場面に応じて発生する障害や困難を取り除くために、個別に調整や変更を行っていくことになります。

これと同じ方向性で、小児医療では最近**「アドボカシー（advocacy）」の重要性**がいわれるようになりました。アドボカシーは日本語だと「擁護」「支持」となりますが、障害や認知機能の低下により、自分で判断する能力が不十分だったり、意思や権利を主張することが難しい人たちのために、代理人が権利の主張や自己決定をサポートしたり、代弁して権利を擁護したり表明したりする活動のことです。

私の診察室にやってくる子どもやその保護者の方たちに、私は「セルフアドボカシーをしていかなければいけない」と話しています。セルフアドボカシーとは、どこがどんなふうに困っていて、どれくらいの助けを必要としているのかを自身で説明でき、他者にサポートを求めることができること、といえます。それには、子ども自身が、自分でできることと、周りのサポートがあればできることがわかっていることが前提です。

また、これはアイデンティティーとかかわってくることでもあります。アイデンティティーは、他人や社会とのかかわりの中で、自分が自分であるという感覚を持つこと、自分がどういう人間なのかを認識すること、そして社会でどんな役割を担うかを理解すること。一言で言えば「自分らしさ」となるでしょう。

アイデンティティーは18歳から20歳頃にできあがるといわれていますが、アイデンティティーを形成している途中の子どもたちに自分が何者であるかを見つめ直させることは、セルフアドボカシーのためにとても大切です。

認知特性は人生を切り開くうえでの重要な鍵になる

子ども本人が自分は何者なのか、どのような人間なのかを掘り下げて考え、アイデンティティーをつくりあげていこうとしているとき、親が「あなたは○○が得意で△△は苦手。□□が好きで◆◆が嫌いなのよね」などと、思い込みでレッテルを貼るのは、ぜひとも避けていただきたいのです。子ども自身がほんとうの自分を知ることができなくなってしまうからです。また、こういう人間になってほしいという方向に〝刷り込む〟のも避けたいことです。

子どもがアイデンティティーをつくりあげていくには、いろいろな経験や体験をできる限りたくさんすることがとても重要です。さまざまな経験の中から得意分野や好きなことを探していくことは「自分とは何か」を見つける手掛かりになります。

アイデンティティーを探すうえで、一つのヒントになるのが認知特性です。認知特性を知ることは、子どもが自分を知ることなのです。そして、親もまた子どもの認知特性を知ることで、子どもがほんとうに得意なもの、好きなものに気づくことができ、子どもがアイデンティティーをつくりあげていくことを、うまくサポートできるようになるでしょう。

子どもが自分で人生を切り開いていくとき、自分の認知特性を知っていることには大きな意味があります。何か行動したり、選択したりするときに、**自分のやりやすい方法を見つけやすくなる**からです。さらに、苦手なことがわかっていれば、周囲にどのような助けを求めればいいのかが明確になり、困難にも立ち向かいやすくなります。

自己肯定感を高めてくれる「得意なこと」

日本の子どもたちは諸外国に比べて、自己肯定感が低い傾向にあるとされるため、子どもの自己肯定感を高めるかかわり方をしましょう、といわれることが多くなりました。

自己肯定感とは、**ありのままの自分を肯定すること**。子どもだけでなく大人も、自己肯定感は前に進むための原動力となります。自分をかけがえのない存在と認め、「自分はこれでいいんだ」と思えることで、自己肯定感は高まっていきますが、そう思えるようになるには、「これだけは自信がある」という自分の中の「核」となるものをつくることがとても重要になります。その手掛かりになるのが認知特性です。

自己肯定感に似た言葉に「自己効力感」があります。これは、**目標を達成するための能力を自分が持っていると認識すること**。「きっとうまくいく」と信じられる力です。

これも、子どもの頃から得意なことを積み上げていくことで養われていく力です。

「レジリエンス（resilience）」という言葉もよく聞くようになりました。レジリエンスは「抵抗力」「回復力」「しなやかさ」という意味で、**困難な状況などに遭遇しても、くじけずに立ち向かう力**を意味しています。どんなに才能豊かな人でも、一生思い通りに生きていくことはできません。挫折したり、うまくいかなかったりして、悲しい思いをすることは誰にでも起こります。そんな状況から立ち直り、前を向いて歩いていくための力がレジリエンスです。レジリエンスは子どもの頃から育てていくことが重要で、そのために必要なのが、自己肯定感なのです。そして、困難な状況でも大人がサポートし、見守り、安心基地になることで、レジリエンスは育っていきます。

子どもが「できないこと」ではなく「できること」に目を向けて

親は、子どもが社会に出るまでにたくさんのことを教えなければならないし、少しでも多くのことをできるようになってほしいと願うものです。そのため、どうしてもできることよりできないことにフォーカスし、子どもの〝できない探し〟をしてしまいがちです。

「這えば立て　立てば歩めの親心」で、子どもに愛情を注いでいるからこそ、「もっとできるようになってほしい」と願ってしまう。そんな気持ちは私にもあります。でも、「失敗しても大丈夫だよ」ということを親や周囲の大人が言葉と態度で示し、見守る、それによって自己肯定感が育っていきます。

子どもの認知特性を知ることは、それまで**親が気づいていなかった子どもの得意分野や、好きなことに気づくことにもつながります**。年齢が低い子どもほど、自分の特性に正直に行動するので、好きなものや得意なものに触れると、時間を忘れるほど熱中します。

そして、「○○ができた！」という成功体験や、「最後までやり遂げた」という達成感を何度も積み重ねることで、自己肯定感を育てていきます。

また、保育園・幼稚園、小学校生活では、子どもが苦手なことをしなければならない場面も出てくるものです。認知特性を知っていれば、苦手なことをどのようにして補えばいいか、その子の特性に合ったアプローチ方法を提案したり、子どもと一緒に考えたりすることができます。ときには、あきらめることも大切だと説明することもできます。さまざまな方面から子どもに自信をつけさせてあげることができるのです。

発達段階の子どもは〝ファジー〟。得意なことが変わることも

保育園・幼稚園時代から小学校の低学年ぐらいは、子どもがまだまだ勢いよく成長していく時期。この頃の子どもは認知特性のすべてが表に出てきていないこともあるので、どんどん変わっていきます。私は**「認知特性がファジーな年代」**と呼んでいます。

たとえば、5歳の頃に好きで得意だったことと、8歳になったときの得意なことは同じではないということはよくあります。しかし、親は意外と自分の子どもの変化に気づかないもので、「うちの子はこれが得意でこれが苦手」と一度刷り込んでしまうと、上書きできないことがよくあります。成長著しく、好奇心旺盛なこの時期の子どもは好きなこと、得意なことも変わっていく。このことを忘れないようにして**子どもの様子を見守り、「なんだか変わってきたな」と感じたら、認知特性を再度チェック**してみましょう。

自己肯定感を高める 声かけ、見守り方

子どもの自己肯定感を高めるために「ほめて育てなさい」といわれています。でも、「すごいね」と言うだけでは子どもには響きません。同じ言葉ばかりだと、子どもはほめられることに飽きてしまいます。子どもと同じ目線で物事を見て、気持ちを共有し、できないことも含めて見守っている、肯定していると伝えることが大切です。私のクリニックのスタッフに、自己肯定感についてどう考えているか聞いてみました。

子ども自身が「できた」と実感できるようなかかわり方を

◆小児科医

診察時に心がけているのは、**結果ではなく過程の頑張りをほめること**。たとえば、検査を行う際に、「怖い気持ちに負けずに口を開けられたね。よく頑張ったね」と声をかけます。私の子どもはまだ1歳児ですが、小さな「できた」を見逃さずにジェスチャーや表情で気持ちを共有するとともに、失敗したときは「痛かった」「難しかった」というマイナスの気持ちを共有し、子どもの安心基地になることを意識しています。

◆看護師

私は自己肯定感を「今のままの自分を受け入れ、信じる力」と考えています。自己肯定感を育むうえでアタッチメント（愛着）はとても大切なので、保護者には**子どもにとって安心できるパワースポット**でいてくださいと伝えています。また、子どもの力を信じて、「きっとできる」と見守ることも必要だと思います。

◆作業療法士

「あなたはあなたのままでいい」と、周囲の人が肯定することももちろん大事です。でも、やりたいことに向かって自分で問題を解決し、その末にできた！と感じられる経験によって、自己肯定感が育まれるのではないかなと思います。

◆**受付スタッフ**

幼稚園教諭として20年ほど幼児とかかわってきた中で、**「できない」「わからない」「困っている」を、子どもが表現できるように**促してきました。そして、どうやったら解決できるかを一緒に考え、周りの子どもたちとも共有し、成長や変化を子ども自らが感じ取れるように、できるだけ見守ることを心がけました。

◆**訪問看護師**

0～3歳に健全な親子間のアタッチメントが育まれることが、子どもの自己肯定感のために大切とされていますが、学童期、思春期になっても決して遅いことはないと、育児セラピストの集いで聞きました。その日から、わが家の思春期真っただ中のこじらせ女子14歳とは、しょっちゅうスキンシップを取っています。アタッチメントとスキンシップはイコールではないですが、**抱きしめるのは効果的**だと思います。

◆**言語聴覚士**

大人の視線、大人の経験値ではなく、自分の心の中にある子どものような純粋なアンテナを磨いて、**子どもの心が動いたときに発せられる声に気づいてあげる**ことが大切なのかなと思います。

◆**理学療法士**

身体に障害がある子どもたちは「これはできない」という発言が多いので、子どもと同じ目線でなぜできないかを考え、子どもにも聞くようにしています。そして、**少しでもできる部分を積み重ねていくことが、「できた！」につながる**のだと伝えています。

◆**アートディレクター**

自己肯定感を高めるために必要なことは、子どもに**「いつも見ている」「関心を持っている」と、言葉と態度で伝えること**だと思います。親が見てくれていることがわかると、子どもの自信につながり、新たな進歩が生まれます。

◆**公認心理士**

自己肯定感は低くても高すぎてもよくありません。自己愛が強くなりすぎると社会生活はうまくいかないからです。日々の臨床では、子どもが適正に自己評価をできるようになるためのかかわり方を意識しています。たとえ周りがいくらほめても、自分自身が成功したと感じられなければ、成功体験として積み重なることはないからです。

あなたはどっち？認知処理別、マニュアルの読み解き方

人の脳が情報を処理する（認知処理）の方法には、**「同時処理」と「継次処理」という二つのパターンがあります**。１９８３年にアメリカの心理学者であるカウフマン夫妻によって開発された「Ｋ－ＡＢＣ」という認知検査法は、２歳６カ月から12歳11カ月の子どもが対象。認知特性や認知構造を知ることができるので、私はこの検査を診察で用いることがあります。

まず全体を把握するか、順を追って理解するか

同時処理の人は全体から理解する人。まずは全体的な情報を大まかに認識し、そのあ

とで部分と部分の関連をつなげて情報を処理します。**一方、継次処理の人は順を追って理解する人**。一つひとつの情報を順序立てて、連続的に処理していきます。

組み立て式の本棚を作るときの例で、この二つの違いを考えてみましょう。

同時処理タイプは、最初に完成した本棚の全体像を頭に描き、次に、側面の板や棚板など本棚を構成する材料を確認し、それらのつながりを考えながら作っていきます。

継次処理タイプは、最初に本棚を構成している側面の板や棚板などの部材に目を向けます。そして説明書を読んだりして、部材をつなげる手順を考えてから作り、最後に全体を見渡して完成させます。

身近なところでは、家事をするときも同時処理と継次処理が行われています。部屋全体を見渡し、何から始めるか考えるのが同時処理。まず部屋の掃除をして、洗濯物を干したら風呂掃除をする……と、やることを時系列に考えるのが継次処理です。

視覚優位者は同時処理を行うことが多いようです。視覚は一瞬でたくさんの情報を取り入れ、大まかに把握するのに適しているからです。一方、**言語優位者と聴覚優位者は継次処理を行うことが多いようです**。言語や聴覚は連続的に流れてくる情報を、順序立てて把握するのに適しているからです。

ですから、地図を見るだけでルートを覚えられるのが同時処理。地図と一緒に道順を聞いたり、行き方のメモを読んだりしてルートを理解するのが継次処理ともいえます。

簡単にまとめると次のようになります。

【同時処理】……視覚優位型認知。情報の全体を捉えてから、部分同士を関連づけて理解する。空間的・統合的な処理が得意。

【継次処理】……言語聴覚優位型認知。情報を一つずつ順序立てて理解する。時間的・分析的な処理が得意。

タイプによって響くほめ方が異なる

同時処理と継次処理という認知の違いを理解していると、子どもに何かを教えるときなどに役立ちます。

たとえば、子どもにダンスを教えるとします。全体のイメージや雰囲気を重視する同時処理の子には、まずは全体を見せることが大切です。そして、振り付けを一度にすべて教えて未完成でも最後までやってみるという経験をしてから、一つひとつの振り付けをじっくり教えていくと上達します。継次処理の子は「ターンして」「ジャンプ」など言葉での説明を加えつつ、順序立てて教え、振り付けをすべてきちんと覚えてから全体を通して踊ると上達しやすいものです。

また、ほめ方も同時処理タイプと継次処理タイプでは響く方法が違います。

同時処理タイプ（視覚優位者）は結論からほめましょう。「最初から最後まで全部踊れたね！」と言ったあとで、「手をピンと伸ばす動きがかっこよかった」など、視覚的にイメージしやすいことをほめると、よりうれしく感じると思います。

継次処理タイプ（言語優位者・聴覚優位者）は起承転結のあるほめ方をすると、ほめ言葉がすっと心に入っていきます。「一つひとつの振り付けをよく覚えたね。だから最後まで踊れたんだよね。よく頑張ったね」といった感じです。

同時処理タイプの子どもには「全体的に」、継次処理タイプの子どもには「一つずつ順番に」――このアプローチ方法はさまざまなシーンで活用できます。

遊びの中で 認知力を育てていこう

認知特性は持って生まれたもので、その子の好きなもの、得意なものを見つける手掛かりになるということをお話ししてきました。ところが、思考の好みは単純ではないことを、わが子を育てていて実感したことがあります。

私には20歳の息子と16歳の娘がいます。二人とも視覚優位者で、息子は現在、洋服をデザインする勉強をしています。子どもの頃から見たものを立体（３Ｄ）で捉えるのが得意で、誰も教えていないのに立体感のある絵を描いていました。今はその特性を活かして洋服のデザインをしているのですが、型紙を作らなくてもできあがりの洋服がイメージでき、その通りに作れるのだと言います。

じつは子どもたちが幼い頃、絵を描かせると娘のほうが上手でした。同じく視覚優位で広告デザイナーの夫から見ても、色の使い方などは息子より娘のほうがセンスがよかったそうです。でも、当の本人はデザインや物づくりにはまったく興味なし。だからアートの才能は伸びていかなかったし、将来は検視官の仕事がしたいと言っています。

「やり遂げた」という達成感が認知能力を伸ばしていく

この私の娘のことからもわかるように、認知特性から考えると得意なはず、好きなはずのことでも、本人の興味やモチベーション、置かれている環境などによっては、必ずしもその分野の才能が伸びていかないことがあります。重要になるのは、「達成体験」ではないかと私は考えています。達成体験というのは、何かに集中して一生懸命やる、そのこと自体を指します。

成功体験と違うところは、結果の成否は問わず「やり遂げた」という充実感を味わうことです。年齢が低いほど、いろいろなことを体験する中で達成感をたくさん味わうことが重要になると考えています。

親子で楽しみながら認知能力を育む遊びをしよう

小学校低学年頃までは認知能力がぐんぐん伸びていく時期。三つの認知能力を刺激するようなかかわり方をすることで、**得意な能力を伸ばしつつ、ほかの認知能力も育てていくようにしたいもの**です。

絵本の読み聞かせは言語認知能力を育てるのにおすすめですが、子どものさまざまな興味を引き出すきっかけにもなります。絵に興味を持つ子もいれば、絵本に出てきた言い回しを気に入って暗唱したり、ストーリーに関心を示して物語の創作を始めたりする子も。絵本は認知特性を知る手掛かりにも、能力を伸ばす手立てにもなるでしょう。

また、楽器の音色や美しい音楽など「いい音」に触れさせることもおすすめです。いい音は情緒に響くだけでなく、音に注意を向けるという聴覚認知能力を育てます。言語を聞き取るという前に「音を聞く」という土台づくりもこの時期にしておきましょう。

子どもの発達を促すのに、おもちゃや遊びは最適です。本人が「楽しい」と思える方法でなければ、認知能力は伸びていかないからです。息子と娘が小さかった頃、私が子どもたちと一緒にやっていた遊びをいくつかご紹介します。

●見る力を育てる「投げっこゲーム」（視覚認知能力）

開けたドアやふすまの裏に大人が隠れ、投げたものを子どもたちが当てるというもの。隙間の開け具合や投げる速さ、投げるものの大きさによって難易度を調節できます。

けん玉やお手玉、ボール投げ、ボール蹴りなども視覚認知能力を育みます。

●聞く力を育てる「音マネゲーム」（聴覚認知能力）

「犬の鳴き声をマネして」「目玉焼きを作るときの音を出して」など、身の回りのあらゆることが出題できます。

●言語力を育てる「イメージ遊び」（言語認知能力）

「きるものな〜んだ」と出題します。「切るもの」も「着るもの」も正解です。「ふわふわなもの、な〜んだ」と抽象的なイメージを膨らませる問題を加えると、創造力を刺激することもできます。意外かもしれませんが、言語発達にはリトミック体操も効果的です。

言葉を流ちょうに話すには、リズム感も必要だからです。

CHECK

子どもの 認知特性テスト

本田3歳式認知特性テスト

低年齢のお子さんの場合、まだ認知についての経験が少ないため、細かい分類の見極めは難しいところがあります。そのため、大人と違って**視覚優位者、言語優位者、聴覚優位者**の三つのタイプに分けています。

このテストの質問内容は3歳を目安にしていますので、お子さんが3歳の頃を思い出してチェックしてみてください。

当てはまる数がいちばん多いのが、お子さんの認知特性です。テストをした結果、**どれも同じような点数になった場合は、バランスがいい証拠**です。どれかが突出していなくても心配ありません。

また、第3章で解説しているタイプ別の特徴を読んで「結果と違うけれど、こちらのタイプに当てはまる」という場合もあります。その場合は、ご自身の感覚や勘を優先してください。子どもは**経験や発達によって認知特性が変化していく**ため、3歳の頃とは違う特性を発揮するようになることもあります。

視覚優位者
見る力の強さ

- ☐ 人見知りが強い
- ☐ 場所見知りが強い
- ☐ 絵本や図鑑を眺めるのが好き
- ☐ 空想イメージにとらわれて、必要以上に怖がることがある
- ☐ モノをよく眺めている、さまざまな角度や横目で眺める、くるくる回るものが好き
- ☐ おもちゃを色や形、大きさなどで分類して遊ぶのが好き
- ☐ パズルやブロック、積み木遊びが好き
- ☐ 電車、ミニカーが好き。車体の一部を見て、車名やメーカーがわかる
- ☐ 一度行った場所や道順を覚えている
- ☐ モノの位置や場所にこだわる

当てはまった数　　　　個

言語優位者

言葉の強さ

- [ ] 話し始めたらおしゃべりだ
- [ ] よく話すが、聞き間違いや言い間違いもある
- [ ] 「あれ、何?」「これ、何?」と質問攻めにする
- [ ] 理論的な説明を理解できる
- [ ] 時間や時計に興味を持つ
- [ ] 想像や空想遊び、物語をつくるのが好き
- [ ] 保育園や幼稚園であったことを順序よく説明できる
- [ ] 嘘をつくことがある
- [ ] 文字に対する興味・関心が高い
- [ ] なぞなぞが得意

当てはまった数　　　個

聴覚優位者
聞く力の強さ

- [ ] 遠くのサイレンなど、小さな音にもよく気がつく
- [ ] 大きな音や特定の音を怖がる、いやがる
- [ ] 言葉を話すのが早かった
- [ ] 独り言を言う
- [ ] 音楽に合わせてからだを動かす。リトミックが好き
- [ ] 大人びた表現を使うことがある
- [ ] CMのセリフや歌を覚えて繰り返す
- [ ] 歌を歌うことが好き
- [ ] 読み聞かせをした本のセリフを空で言う
- [ ] 擬音語、擬態語をよく使う

当てはまった数　　　個

CHECK

本田40式
認知特性テスト

40の質問に対し、選択肢の中から自分の行動や感覚にいちばん近いものを選んで○をつけてください。

※web版「本田40式認知特性チェック」では、リニューアルされた新しいテストができます。▶▶

Q.1 初対面の人を覚えるときのポイントは何ですか?

Ⓐ 顔や雰囲気で覚える
Ⓑ 名刺の文字で覚える
Ⓒ 名前の響きから覚える

Q.2 自宅に人を招くとき、最寄り駅から家までの道順をどうやって説明しますか?

Ⓐ 地図を描いて渡す
Ⓑ 近くまで来てもらい、電話でそこから何が見えるかを手掛かりに道順を伝える
Ⓒ 事前に言葉で道順を説明する

Q.3 初対面の人の顔をどれくらい覚えていますか?

Ⓐ すぐに顔を覚えることができ、しっかりと思い出せる
Ⓑ メガネをかけているといった特徴などは覚えている
Ⓒ メガネをかけていたかどうかすら覚えていない

Q.4 初めて聞いた曲をすぐに口ずさめますか?

Ⓐ どんな曲でも、途中からでも、メロディーを口ずさめる
Ⓑ 簡単な曲、あるいはサビの部分ならメロディーを口ずさめる
Ⓒ まったく口ずさめない

Q.5 テレビがついていても人と話ができますか?

Ⓐ テレビがついていても、問題なく会話できる
Ⓑ テレビを消すか、音を小さくする
Ⓒ どちらともいえない

Q.6 スーパーマーケットで1週間分の食品を買うとき、どうしますか?

Ⓐ 買う食品のイメージを思い浮かべる
Ⓑ 食品がどこの売り場に置いてあるのかを思い浮かべる
Ⓒ 買う食品の名前をすべてメモする
Ⓓ 「にんじんは"に"」というように、食品の頭文字を覚える

Q.7 それほど親しくない人から電話があったとき、あなたは?

Ⓐ 相手が誰だかすぐにわかる
Ⓑ 話し始めるとわかる
Ⓒ わかるまでに相当な時間がかかる。またはわからない

Q.8 あなたのいちばん古い記憶はいつのものですか?

Ⓐ 3歳以前の記憶がいくつかある
Ⓑ 4歳頃の記憶が最も古い
Ⓒ 最近の記憶しか思い浮かばない

Q.9 いちばん古い記憶の映像をイメージしてみてください。

Ⓐ 自分の目から見た記憶で、その場面に自分はいない
Ⓑ その場面に自分がいて、客観的に見ている
Ⓒ わからない

Q.10 モノマネは得意ですか?

Ⓐ 人の動作のマネも声のマネも得意
Ⓑ 人の動作の特徴はなんとなく思い浮かべてマネすることができる
Ⓒ 特徴をつかむことができない

Q.11 1分間で、野菜の名前をできるだけ多く挙げてください。

Ⓐ 野菜の写真やスーパーマーケットの野菜売り場をイメージして答えた

Ⓑ 50音（あ、い、う、え、お……）で野菜の名前を思い出しながら答えた

Q.12 ドラマや映画を観たあと、友だちと感想を話すときをイメージしてみてください。

Ⓐ シーンを写真のように止まった画像、あるいは画像をコマ送りにして思い出しつつ感想を言う

Ⓑ シーンの映像を思い出しながら感想を言う

Ⓒ 登場人物のセリフを思い出しながら感想を言う

Ⓓ 音や挿入歌からシーンをイメージして感想を言う

Q.13 一度だけ行ったことのある場所にもう一度行くなら？

Ⓐ すぐに道順がわかり、迷わず目的地までスイスイ行ける

Ⓑ 大きな目印は覚えているが、次に進む道は曖昧だ

Ⓒ もう一度道を調べ直すか、誰かに案内してもらわないと行けない

Q.14 文字を学習したときのことを思い出してください。

Ⓐ ひらがな、カタカナ、漢字は苦労しないで覚えられた

Ⓑ ひらがな、カタカナよりも漢字のほうが覚えやすかった

Ⓒ 文字の形は覚えられるが、書き順が覚えにくかった

Ⓓ 文字を覚えるのに苦労した

Q.15 「フランシスコ・ザビエル」という言葉を聞いたとき、何を思い浮かべますか？

Ⓐ「フランシスコ・ザビエル」というカタカナの文字
Ⓑ「フランシスコ・ザビエル」のようなぼやけた人物像
Ⓒ 教科書に載っていた「フランシスコ・ザビエル」の肖像画の写真
Ⓓ おもしろい、または言いづらそうな名前（響き）だな〜と思う

Q.16 携帯電話が見当たらない。さて、あなたはどうやって捜しますか？

Ⓐ 自分の足取りを順番にイメージ映像として思い浮かべて捜す
Ⓑ 自分の足取りを言葉にしながら、携帯電話がどこにあるのかを考える
Ⓒ 最後に携帯電話を見た場所を写真のように思い出す

Q.17 学生時代に教科書を暗記するとき、あなたはどうやっていましたか？

Ⓐ 教科書を書き写す
Ⓑ 教科書をじっと見る
Ⓒ 教科書の重要部分にマーカーで線を引く
Ⓓ 何度も黙読する
Ⓔ 何度も音読する

Q.18 合コンなど数人グループの初顔合わせで自己紹介をしたあとのことを思い出してください。

Ⓐ すぐに全員の名前と顔が一致する
Ⓑ 名前は覚えにくいが、顔や服の特徴で覚えていく
Ⓒ 名前は覚えられるが、席を移動されるとわからなくなる

Q.19 問18の翌日のことを思い出してください。

Ⓐ 参加した全員の顔と名前を思い出せる

Ⓑ 名前は思い出せないが、顔なら全員思い出せる

Ⓒ 顔はうろ覚えだが、名前は全員言える

Ⓓ 名前を思い出すのは名刺の文字で思い出す。
または、名前も顔も思い出しにくい

Q.20 コレクションなど収集しているものはありますか?

Ⓐ 高額なものでもモノを集めたいコレクターだ

Ⓑ ペットボトルについているおまけや、
ストラップくらいのものなら集めてみようかなと思う

Ⓒ コレクターの気持ちがわからない

Q.21 機械類や電子機器の操作は得意ですか?

Ⓐ 取扱説明書などは読まなくても操作できる

Ⓑ 取扱説明書を読みながらやる

Ⓒ 取扱説明書を読むとよけいにわからなくなるので、
とりあえずやってみる

Q.22 マンションの物件探しを想像してください。

Ⓐ 間取り図を見ただけで、その場に立っているような感覚になり、
部屋を想像できる

Ⓑ 間取り図を見て、なんとなく部屋の想像がつく

Ⓒ 間取り図を見ても、まったく部屋の想像がつかない

Q.23 難しい内容の本を読んだときのことを思い出してください。

- Ⓐ 文字を読んだだけで、内容を理解できる
- Ⓑ 本の内容に沿ったイメージを映像にして理解している
- Ⓒ 登場人物の人間関係や出来事を
相関図や時系列にして理解している
- Ⓓ 難しい本は読まない

Q.24 子どもの頃、どんな遊びが好きでしたか？

- Ⓐ 歌や「アルプス一万尺」などの手遊び歌
- Ⓑ お人形遊びやヒーローごっこなど、
場面を想像しながら行う遊び
- Ⓒ かるたやしりとりなどの言葉遊び
- Ⓓ 昆虫採集やキャラクターもの集め

Q.25 友だちの顔を思い出してみてください。

- Ⓐ 笑った顔や怒った顔、真顔など、
いろいろな表情をはっきりと思い出せる
- Ⓑ 怒った顔や笑った顔など、特徴的な表情しか思い出せない
- Ⓒ よく知っている人の顔も思い出すとなると曖昧になる
- Ⓓ 写真で見た顔を思い出す

Q.26 学生時代、授業中にノートを取っていたときのことを思い出してください。

- Ⓐ 授業中にノートをまとめるのは得意だった
- Ⓑ 要点やキーワードしかノートに書かなかったし、
それ以外は必要ないと思っていた
- Ⓒ 授業内容に沿ったイメージイラストをノートにつけ加えたりした
- Ⓓ ノートをまとめるのは苦手で、黒板や教科書の記述通りに
とりあえず書いていた。あるいはノートの隅に落書きをしていた

Q.27 ことわざは好きですか？

- Ⓐ その状況に合った格言やことわざが、すぐに思い浮かぶ
- Ⓑ なんとなくイメージはわくが、正しく表現できない
- Ⓒ 格言やことわざ、難しい言い回し自体を使わない

Q.28 ダジャレは得意ですか？

- Ⓐ ダジャレを言うのが得意
- Ⓑ ダジャレは言わないが、言われればわかる
- Ⓒ ダジャレは言わないし、
言われても説明されないとわからないことが多い

Q.29 朗読を聞いたときのことをイメージしてください。

- Ⓐ 朗読を聞くだけで、その映像が頭に浮かびやすい
- Ⓑ 朗読よりも、本を読んだほうがわかりやすい
- Ⓒ 朗読や本を読むより、芝居を見るほうが好き

Q.30 外国語を学ぶとき、どんな勉強法をしますか？

- Ⓐ 読むより聞いて覚えるラジオ講座派
- Ⓑ 文法からきちんと学ぶ教科書・参考書派
- Ⓒ 外国人と話して覚える実践派
- Ⓓ どれも苦手

Q.31 テレビのバラエティー番組などでの発言テロップについてどう思いますか?

Ⓐ わかりやすい。
あるいは、テロップがあったほうがおもしろい

Ⓑ わかりにくい。あるいは、ないほうがいい

Ⓒ どちらでもない

Q.32 絶対音感(音を聞くと、音の高さを絶対的に認識できる)はありますか?

Ⓐ ある

Ⓑ ない。または、わからない

Q.33 遠くから救急車のサイレンが聞こえたとき、あなたは?

Ⓐ サイレンがする方角も、
近づいているのか遠ざかっているのかもわかる

Ⓑ 方角はわかるが、近づいているのか遠ざかっているのかはわからない

Ⓒ サイレンが近づかないと、方角もわからない

Q.34 何かを決めるとき、どうやって決めますか?

Ⓐ 直感的に決めることが多い

Ⓑ いろいろな状況を想定してから決めることが多い

Ⓒ どちらともいえない

Q.35 人に説明するとき、どうしますか？

Ⓐ 理論立てて、順序よく話すことができる

Ⓑ 最初から身振り手振りを使って話すが、本題からそれることも多い

Ⓒ 最初に結論を言い、あとから補足的に説明するが、
要点が抜けることもある

Q.36 友だちが髪型を変えたり、太ったり、やせたりしたら気がつきますか？

Ⓐ すぐに気がつく

Ⓑ あまり気がつかない

Q.37 尊敬語と謙譲語を使い分けていますか？

Ⓐ きちんと区別し、日常的に使い分けている

Ⓑ 区別はできているが、きちんと使い分けているとはいえない

Ⓒ 区別もできていないし、うまく使いこなせてもいない

Q.38 企画書や資料を作るとき、どういうタイプのものを作りますか？

Ⓐ 文字は少なめで、イメージ写真やイラストなどを取り入れたもの

Ⓑ 文字は少なめで、動画やアニメーションなど視覚的効果に頼ったもの

Ⓒ 文字は少なめで、図やグラフなどでまとめたもの

Ⓓ 文字が多いもの。または、補足的説明をたくさんつけ加えたもの

Q.39 カラオケで人が歌っているとき、あなたは?

Ⓐ 人の歌にも参加してハモる
Ⓑ イントロを聞けばすぐになんの曲かわかる
Ⓒ 画面の映像をじっと見る
Ⓓ 歌に合わせて画面の歌詞を目で追う

Q.40 あなたが人にいちばん自慢できるのは、次のうちどれですか?

Ⓐ 絵がうまい
Ⓑ 話がうまい
Ⓒ 歌がうまい

回答お疲れさまでした!

では次に、78ページからの点数表で、
回答が当てはまる選択肢に○をつけ、
❶～❻の縦の欄でそれぞれの数字を合計してください。
合計した各数字をレーダーチャートの軸に記入し、
線で結びます。

※選んだ回答によっては、複数の欄に点数が加わることがあります。たとえば、Q.2でCと答えた場合、❸の欄に4点、❺の欄に2点、❻の欄に1点が加わります。

例

点数表

		❶	❷	❸	❹	❺	❻
Q.1		A	A	A	B	C	C
		2点	2点	1点	2点	1点	2点
Q.2		A	B	C	A	C	C
		4点	2点	4点	2点	2点	1点
		⋮	⋮	⋮	⋮	⋮	⋮
合計		46	31	24	33	17	14

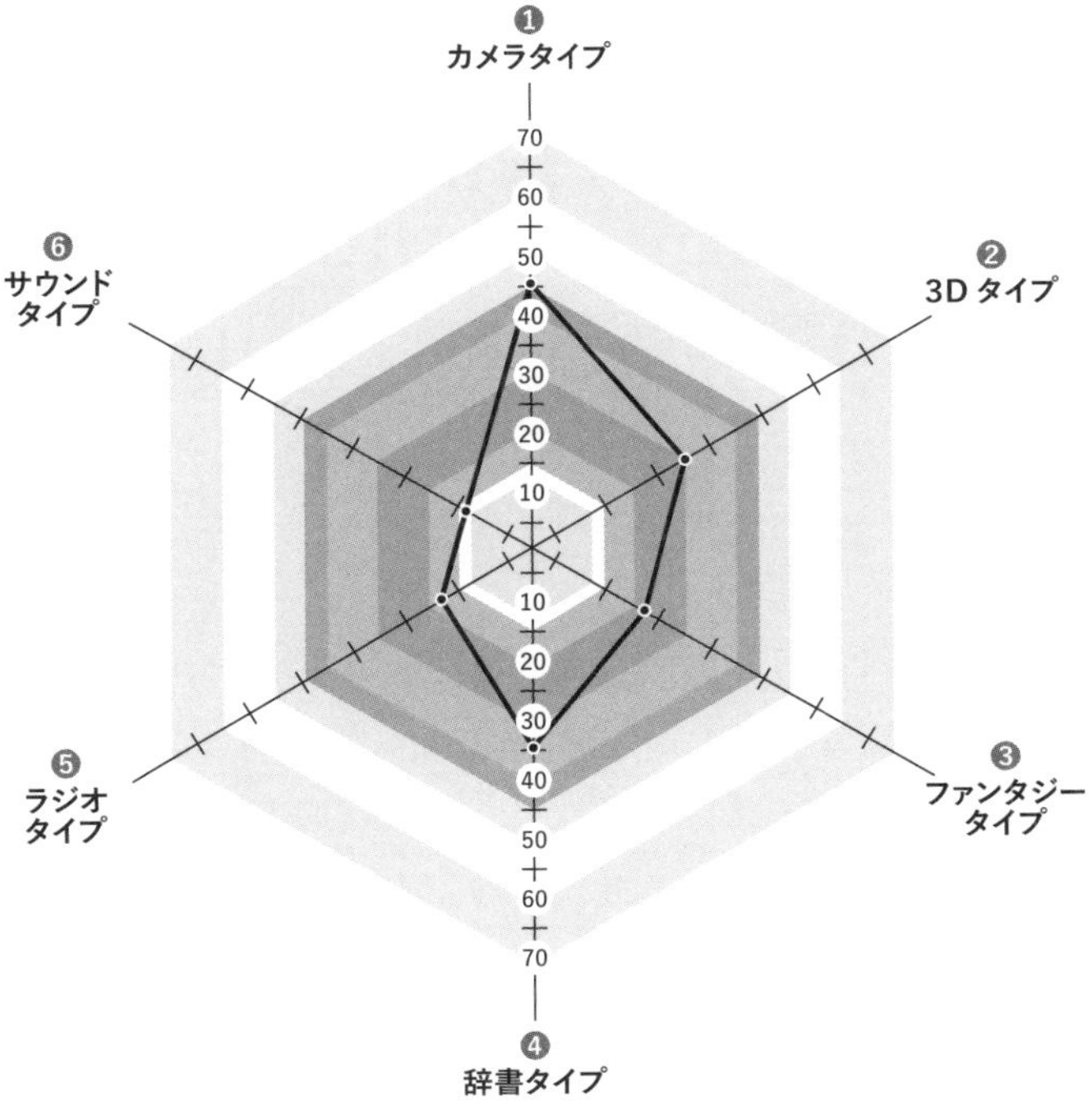

点数表

	❶	❷	❸	❹	❺	❻
Q.1	A	A	A	B	C	C
	2点	2点	1点	2点	1点	2点
Q.2	A	B	C	A	C	C
	4点	2点	4点	2点	2点	1点
Q.3	A	A	B	C	C	C
	4点	2点	1点	2点	2点	2点
Q.4	C	C	B	B	B	A
	1点	1点	2点	1点	4点	4点
Q.5	C	C	B	B	B	A
	1点	1点	1点	2点	4点	4点
Q.6	A	B	B	C	D	D
	2点	2点	1点	4点	2点	2点
Q.7	C	C	B	B	A	A
	1点	1点	1点	1点	2点	4点
Q.8	A	A	B	C	B	B
	2点	2点	2点	2点	1点	1点
Q.9	A	A	B	B	C	C
	2点	4点	2点	1点	1点	1点
Q.10	C	B	B	C	A	A
	1点	2点	2点	1点	2点	4点
Q.11	A	A	A	B	B	B
	4点	4点	1点	2点	4点	4点
Q.12	A	B	C	C	C	D
	4点	4点	4点	1点	2点	4点
Q.13	B	A	A	B	C	C
	2点	4点	2点	1点	1点	1点
Q.14	C	B	A	A	A	D
	2点	2点	2点	4点	2点	0点
Q.15	C	C	B	A	D	D
	2点	2点	1点	4点	1点	2点
Q.16	C	A	B	B	B	B
	2点	2点	2点	1点	1点	1点
Q.17	B	B	A	C	D	E
	2点	1点	2点	4点	2点	2点
Q.18	B	B	A	C	C	C
	2点	2点	2点	2点	1点	2点
Q.19	B	B	A	D	C	C
	2点	2点	2点	2点	2点	2点
Q.20	A	A	B	C	C	C
	2点	1点	1点	0点	0点	0点

Q.21	A	A	B	B	C	C
	2点	2点	2点	2点	0点	0点
Q.22	B	A	A	B	C	C
	2点	2点	2点	1点	0点	0点
Q.23	D	D	B	C	A	D
	0点	0点	4点	4点	2点	0点
Q.24	D	B	B	C	C	A
	1点	4点	2点	1点	2点	2点
Q.25	D	A	A	B	C	C
	2点	2点	1点	1点	0点	0点
Q.26	D	D	C	A	B	B
	2点	2点	4点	4点	2点	1点
Q.27	C	C	A	B	A	B
	1点	1点	2点	1点	1点	1点
Q.28	C	C	B	B	A	A
	1点	1点	2点	1点	4点	2点
Q.29	C	C	A	B	A	A
	1点	1点	2点	2点	1点	1点
Q.30	D	D	B	B	C	A
	1点	1点	1点	2点	2点	2点
Q.31	A	A	C	A	B	B
	2点	1点	1点	2点	4点	2点
Q.32	B	B	B	B	A	A
	0点	0点	0点	0点	2点	4点
Q.33	C	C	B	B	A	A
	0点	0点	1点	1点	2点	4点
Q.34	A	A	C	B	B	C
	2点	2点	1点	1点	2点	0点
Q.35	C	C	B	B	A	B
	2点	1点	2点	1点	2点	1点
Q.36	A	A	A	B	B	B
	2点	2点	1点	0点	0点	0点
Q.37	C	C	B	A	A	B
	0点	0点	1点	2点	2点	1点
Q.38	A	B	B	C	D	D
	4点	4点	2点	4点	2点	1点
Q.39	C	C	D	D	B	A
	0点	2点	2点	2点	2点	4点
Q.40	A	A	B	B	B	C
	4点	2点	4点	2点	4点	4点
合計						

本田40式認知特性テスト・レーダーチャート

79ページの合計点数を
❶〜❻のそれぞれの軸に記入し、線で結んでください。

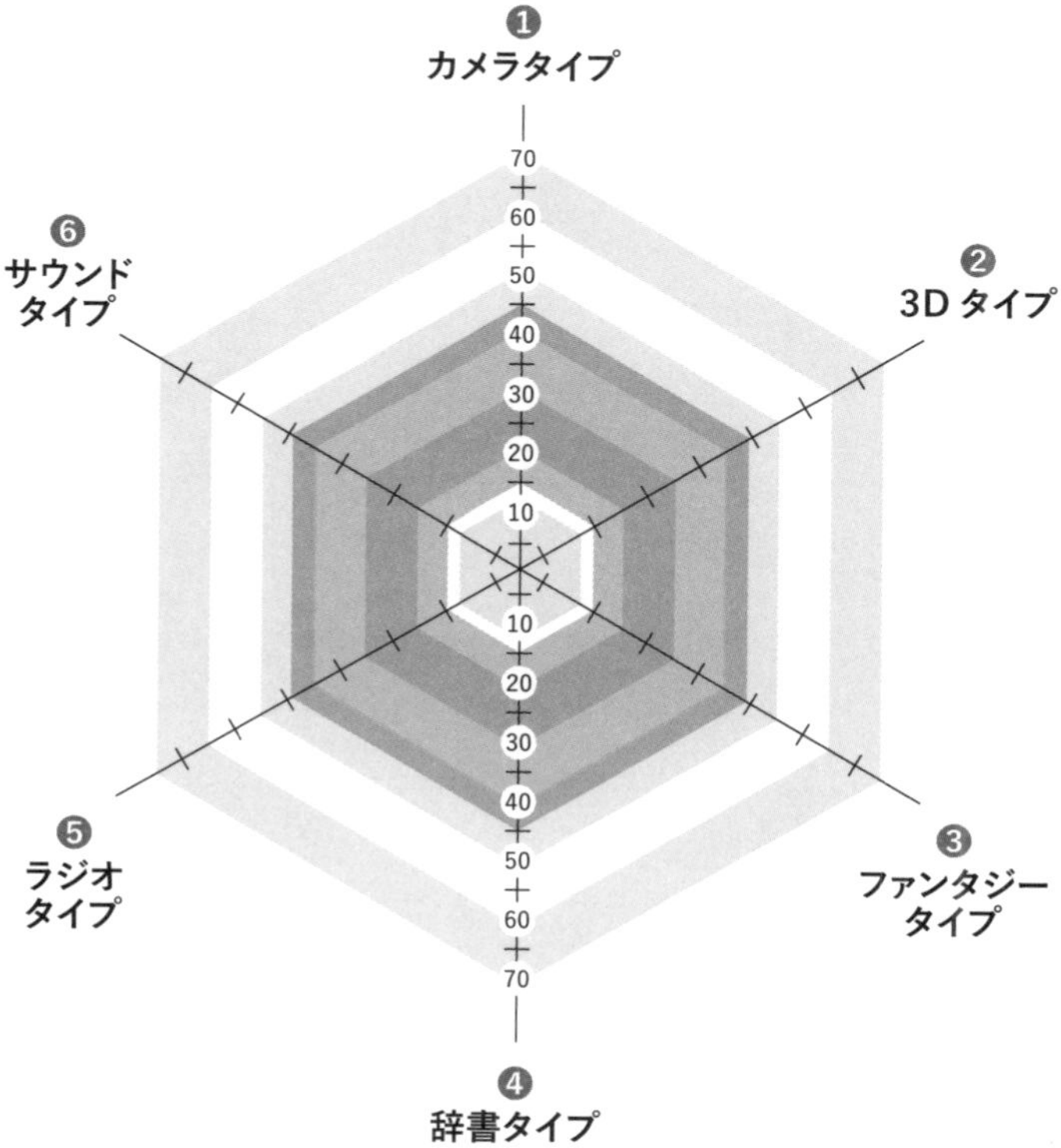

認知特性の結果はいかがでしたか？　認知特性は次の6タイプに分けられます。

視覚優位者　❶カメラタイプ
❷3Dタイプ
言語優位者　❸ファンタジータイプ
❹辞書タイプ
聴覚優位者　❺ラジオタイプ
❻サウンドタイプ

14点以下は弱い認知特性です。15～45点（レーダーチャートの濃いグレーエリア）は一般的で、46点以上は強い認知特性といえます。それぞれの認知特性が、15～45点に配置されているなら、すべての認知特性のバランスがいいといえます。

46点以上の認知特性がある人は、その能力が特出していますので、認知特性を活かした職業に就けば、能力を発揮しやすいでしょう。

COLUMN 1

発達障害とは？

発達障害（神経発達症）は、生まれつき脳機能の発達に偏りがあることで物事の捉え方や行動パターンにアンバランスが生じ、日常生活に困難をきたしている状態のことです。得意・不得意は誰にでもありますが、発達障害がある人はその凸凹《でこぼこ》の差が大きく、生活に支障が出やすいのです。

発達障害は主に次の三つに分類されます。コミュニケーションに問題を抱える「自閉スペクトラム症（ASD）」、衝動性や多動性、不注意が見られる「注意欠如・多動症（ADHD）」、知的発達に遅れがないものの読み書きや計算など学習能力に困難が生じる「学習障害（LD）」です。

これらは外見からはわかりにくく、その症状や困り事も人によってさまざまです。能力にばらつきがあるのが特徴で、平均以上の知的能力を持つ子どももいます。こうした特性や気質にこれが正常というものはありませんから、発達障害が個性なのか障害なのかの線引きは、社会適応ができるかどうかによるといえます。

いちばん大切なことは、保護者をはじめ、教師や友人など周囲がその子の特性を理解してあげることです。以前はその特性から「自分勝手」「困った子」などと捉えられ、本人の努力不足や親の育て方のせいだとされがちでしたが、そういうことではありません。周りの大人は、その子のマイナス面だけでなくプラス面にも目を向けながら、支援のあり方を考えていきたいものです。

第2章

お子さんの特性を伸ばす「認知特性」を知ろう

認知特性とは、その人が好む理解・整理・記憶・表現の仕方

第1章でも説明しましたが、**認知特性とは、外界からの情報を頭の中で理解し、整理し、記憶し、表現する際に、その人がやりやすいと感じる方法**のこと。たとえば、AさんとBさんが同じ情報に触れた場合、その情報をインプットする方法も記憶の仕方も同じではありません。また、両者は同じように考えたとしても、それをアウトプットする方法は異なります。人にはそれぞれ生まれ持った思考や認知の好みがあるのです。

視覚優位者は何年も前のセーターの色を覚えている

私が認知特性について考えるようになったのは、職業柄、認知や気質の偏《かたよ》りを抱える子どもたちと接する機会が多いことに関係しています。この子たちが社会で適応していくための医学的・教育学的な支援を考えるには、発達に特性のある子どもたちの認知パターンを探る必要があったのです。

でも、認知特性の違いについて実感したのは、もっとプライベートなことがきっかけでした。広告デザイナーの夫と結婚したことです。夫は視覚優位のカメラタイプなので、頭の中にカメラを持っています。まるで**写真を撮るように、見たもの、経験したことを記憶し、それらを場面ごとに一枚一枚切り取って記憶の引き出しにしまっていきます**。

じつは結婚して間もなくの頃、私が作った料理の味つけが原因で大ゲンカになったことがありました。私はすぐにそのことを忘れていましたが、何年かたったある日、私が着ていた青いセーターを見て夫が言ったのです。

「料理のことで大ゲンカしたときに着ていたセーターだね」

夫の言葉を聞いて、私は、おぼろげながらそのときのことを思い出しました。驚いてよく聞いてみると、「自分の前に立つ青いセーターを着た妻が怒った顔をしていて、その部屋にあったテレビの画面には、ヒトラーの顔が映っている」というシーンを、一枚の写真のように記憶していると言うのです。でも、なぜ私が怒ったのかその内容はまったく覚えていないと。

私は言語優位の辞書タイプなので、**人との会話を文字にして記憶します**（このけんかのやり取りを忘れてしまったのは、記憶するほどの内容ではなかったからでしょう）。彼の記憶の仕方が私とは全然違っていることを知り、衝撃を受けました。**同じことを経験し、同じものを見ているのに、記憶の仕方はまったく違う**。認知特性についてもっと深く知りたいと感じた瞬間でした。

自分と同じ認知特性の人と結婚していたら、思考に違いがあることをこんなにもリアルに理解できなかったと思います。まったく異なる情報の捉え方をする人と結婚したからこそ、いろいろな思考スタイルがあることに気づけたのです。

人にはそれぞれ個別の「思考スタイル」がある

さらに息子が生まれたことも、認知特性についてより考えを深めるきっかけとなりました。息子は夫と同じ視覚優位なので、言語を介さない視覚的なイメージや形、色、大きさを手掛かりに情報を整理することが得意。でも夫と違っている点もあります。息子は**3Dタイプなので、奥行きのある世界での視覚入力が得意**なことです。

そんな息子が小学校受験に取り組んだときのこと。小学校受験では話を聞いて問題を解く課題が多いため、聴覚と言語での認知が苦手な息子はかなり苦戦していました。その反面、立体的に積んだ積木の数、展開図や回転図形など、言葉を介さずに解ける問題は得意でした。息子は当時、私が尋ねたことに対して言葉でうまく答えられないときは、絵を描いて「こうなんだよ！」と説明していました。息子にとっては、言葉よりも絵という視覚情報、つまりイメージのほうが、自分の考えを表しやすかったのです。

息子の小学校受験を通して、たとえテストの点が悪くても、「頭が悪い」と決めつけてはいけない。成績が振るわないのは、親や先生の指導の仕方が子どもの認知特性や脳の働き方に合っていないからかもしれない。**人にはそれぞれ「思考のスタイル」があるから、その子に適した方法が見つかれば、勉強のみならず、その子が持つ才能を伸ばせる可能性がある**、ということを理解したのです。

言語能力のある子のほうが、現在の学校教育では優位になりやすい

学校の授業は基本的に先生が話をしたり、板書をしたり教科書を読んだりして進めます。先生は**言葉を使って学ぶべきことを子どもたちに教える**のです。人が言葉を理解する方法は、聞いた言葉（話）を理解する方法と、書かれた文字を読んで理解する方法の二つ。どちらも**言葉の理解力がカギ**になるので、今の日本の教育方法は言語優位の子どもにはやりやすい方法といえます。また、耳で聞いて言葉で考える思考方法は、聴覚優位の子どもにとってやりやすい方法です。最近は視覚的に理解を促す教材もありますが、これまでの教育方法は、視覚優位の子どもには不利なことが多かったのです。

教師は職業柄、言語優位の人が多いと考えられます。そして、子どもたちも自分と同じ思考方法で言葉を聞き、理解し、学習するものだと考える先生も多いのではないでしょうか。その結果、視覚優位の子が言葉を介した処理や理解に苦戦する理由に思い至らず、「理解力が低い」「学習への意欲がない」などと評価してしまうかもしれません。

言葉での理解が苦手な子には視覚的なアプローチを

視覚優位の子どもは、「25は10の位の数字が（　）で、1の位の数字が（　）です」という文章での問題に苦戦しがちです。そのため先生から、「数の概念を理解できていない」と判断されるかもしれません。

ところが、10個のタイルを棒にしたタイル棒と、バラのタイルを目の前において、「25のタイルを作って」と指示したら、タイル棒2個と、バラのタイルを5個組み合わせて25を作ることができるでしょう。そして、「タイル棒が10の位、バラバラのタイルが1の位」と、タイルを見せながら教えれば理解できるはずです。つまり、**視覚からイメージしやすい方法を工夫して教えれば、数の概念の理解を促すことができる**のです。

日本には、子ども全員に同じ教え方をすることを「平等」と考える風潮がありますが、認知方法が一つではないのですから、**認知の仕方に合わせて教え方を変える必要がある**と私は考えています。とはいえ、学校教育のシステムを変えるのは容易なことではありません。もしもお子さんが学校での勉強を苦手と感じていたら、学校とは違うアプローチで学習できる方法、とくに視覚を手掛かりにして理解を促す教材を利用してみてください。お子さんの「わかった！」を引き出せるかもしれません。

徐々に自分の思考方法に置き換えて理解できるように

視覚優位のお子さんを持つ親御さんはここまで読んで、「うちの子どもはこのままずっと学校の授業で苦労するのか……」と暗い気持ちになってしまったかもしれません。でも、そんなことはありません。学習能力の向上とともに言語を図や表など自分の得意な形に置き換えて理解できるように、つまり、自分の**苦手な分野を視覚的に補う工夫ができるようになっていけばいい**のです。

視覚優位者の中には社会科や理科が得意な人がいます。視覚優位の中でも3Dタイプは空間認知能力が高く、地図を読むのが得意なため、地理の授業を楽しいと思うかもしれません。また、歴史はその時代をイメージしたり、年表にまとめたりすることで、理解しやすくなるといいます。さらに理科は教科書に図や写真が多く載っているので、興味を持って取り組みやすいでしょう。得意な科目、好きな科目が一つあれば、それが自信になり、ほかの科目にも意欲を持って取り組めるようになるかもしれません。

ちなみに、視覚優位の私の息子の小学校受験は悲惨な結果に終わり、中学受験で入学したのは偏差値が高いとはいえない学校でした。でも、中学時代に洋服作りの楽しさに目覚めた息子は、型紙を使わずに立体的な裁断ができる能力を発揮。高校2年のとき、服を通じて社会課題に向き合う「ファッションフロンティアプログラム」の初代グランプリを受賞しました。その後、AO入試で希望の大学に入り、今はファッションデザイナーを目指して創作に打ち込んでいます。

子どもの成績で一喜一憂してしまうのは親の常です。でも、子どもの頃の学力ですべてが決まるわけではない、**得意なものが一つでもあればそれを武器にして人生を切り開くことができる**ということを、息子を育てていて感じます。

優位な認知特性から子どもの能力を広げていく

子どもの可能性を最大限に伸ばしてあげたい――親なら誰もが考えます。そんなときのヒントの一つにしてほしいのが認知特性です。

好きなこと、得意なことをがあれば道は開ける

私の息子は視覚優位の３Ｄタイプですから、空間認知能力と視覚記憶力はとても長けています。小学校受験のための塾でも、「立体的に積んである積み木の数を数える」という問題だけは、誰よりも早く答えました。空間を立体で捉える息子にとって、見えていない部分にある積み木も含めて数えることは、ごく簡単なことだったのです。

また、子どもの頃から一度行った場所を正確に記憶できます。「●●にはどうやって行けばいいんだっけ」と聞くと、「駅を出て左に曲がるとコンビニがあって、そこを通り過ぎると信号があるから右に折れて……」と、まるで今その場所を歩いているかのように細かく描写して教えてくれます。一方、同じ視覚優位なのに夫はあきれるほどの方向音痴。家の近所の店に行くだけで迷います。「なぜこんな近所で迷うの!?」と思わずキレてしまったところ、「行った場所はすべて写真のように記憶しているけれど、Aの写真の横に来るのがBなのかCなのかわからないから、左右どちらに行けばいいのかわからなくなる」とのこと。認知の不思議さを、またもや夫によって実感させられました。

このように、息子は空間認知能力と視覚記憶力が問われる問題は教えなくてもスルスルと解いていきますが、言語力が必要な分野の成績は低空飛行のまま。小学校時代の息子は、勉強に関してはかなり自己肯定感が低かったのではないかと思います。

でも中学生になり、自分の得意なことを活かせる世界があることを知ったことで、どんどん自信をつけていきました。先に述べたプログラムなどに参加する際、息子が最も苦手な言語によるプレゼンテーションが必ずありました。そこで私と夫は、息子の思いが大人たちに届くための表現方法、言葉の選び方をたくさん教え、伝え方を指導しました。「親掛かり」と言ってしまえばそれまでなのですが、学ぶことは「マネ」から始まるともいわれます。息子は私や夫が教える言葉や表現方法を何度も繰り返し練習することで、自分自身の言葉にすることができ、苦手だった言語による発表をやり抜きました。

この例でもわかるように、得意なことが一つあれば、それを手掛かりとして、不得意なことを克服する方法を見つけることができます。

息子が小学校時代、私は「この子はどうしてこんなに勉強ができないんだろう……」と頭を抱えていました。そんな私に言ってあげたいのです。「一芸があれば、人は人生を切り開いていける。彼が持つその力を伸ばすことを一番に考えてあげなさい」と。

子どもの一芸を見つける〝道しるべ〟になるものが、認知特性だと思うのです。

誰もが認知力を使い分けている。いろいろな方法を試して

これまで述べてきたように、物事を理解する際の特性は人によって異なります。言語

優位の私が見たり聞いたり感じたりしたことを、視覚優位の夫や息子が同じように認知しているわけではありません。

とはいえ、言語優位の人が言語だけで物事を理解しているわけではないし、視覚優位の人が視覚だけで物事を理解しているわけでもないのです。言語で物事を考える私も場面を映像で思い浮かべて考えることはできますし、視覚優位の夫や息子も言葉を使って意思を伝えます。また、聴覚優位の人も耳から入ってくる言語を情報としてインプットするわけですから、言語能力を活用しています。

得意・不得意、やりやすい・やりにくいの差はありますが、言語だけ、視覚だけ、聴覚だけと、**一つの認知能力だけで生きている人はいない**のです。幼い子どもだって、場面によって使い分けていることが多いでしょう。だから、**子どもの認知特性に縛られすぎないようにすることも大切です**。とくに、さまざま能力が発達途上で経験値も少ない低年齢の頃の認知特性は、ある意味〝仮〟のもの。**今の特性は子どもの才能や実力を伸ばすヒントの一つ**と考えてください。そして、いろいろな方法を試して、子どもが楽しく取り組める方法を探していくのがいいのではないでしょうか。

子どもの特性に合った学び方で自信をつける

学校の成績がすべてではないけれど、できればいい成績を取ってもらいたい。そんな親心をくすぐるような塾や参考書、アプリなど、さまざまなものがあります。同じクラスの成績優秀な子が使っている教材をやらせてみたけれど、ちっとも成績が上がらないときは、**与えた学習教材がお子さんの認知特性に合っていない**のかもしれません。

子どもが「やりやすい」「楽しい」と感じる方法を選ぶ

どんなに世間が称賛する教材でも、お子さんが「わからない」「つまらない」と感じたら、なんの効果も得られません。いやなことを強いられて、前より勉強嫌いになってしまうリスクさえあるでしょう。**子どもの学ぼうとする力を引き出すには、子どもに合った方法を見つけることが不可欠。**いろいろなことを試しながら、子どもが楽しく学べる方法を見つけるための、認知特性に即した学び方のヒントをご紹介します。

●本の選び方

まず、基本中の基本、学習教材（本）の選び方です。「成績がみるみる上がる！」「〇万部突破！」などのキャッチコピーがついていると、ついわが子にも試したくなりますが、それで失敗する人はたくさんいます。じつは私もかつて経験しました。

言語優位の子は文字に対する親和性が高いので、文字が多い本でも興味を持つことができますが、視覚優位の子にそんな教材を与えたら、1ページ目で興味を失い「積ん読」になるだけ。図や写真がカラーでたくさん掲載されている本や、漫画をふんだんに使って解説している本、パズル形式の本などがおすすめです。聴覚優位の子には、文字とともに音声でも理解することができるCDつきの本などを試してみてください。

幼児期の絵本選びにも同じことがいえます。視覚優位の子はイラストや写真などがたくさん載っている本に興味を持ち、聴覚優位の子は音遊び的な要素の強い絵本を好みますし、読み聞かせてもらうことでイメージを膨らませて楽しむことができます。

●漢字には認知特性で覚えやすい方法がある

言語優位の子は継時処理（54ページ〜）が得意なので、漢字の「へん」や「つくり」の名称や書き順、同じような漢字との関連性、意味などを教えると、漢字への興味が深まり、覚えやすくなります。

視覚優位の子は同時処理が得意なので、イメージをつかみやすい漢字パズルなどを使い、まず全体をつかんでから細かい部分を記憶するほうが覚えやすいでしょう。また、漢字を10回書いて覚えるより、10回見たほうが記憶に残ることもあります。

聴覚優位の子は「親は木の上に立って見る」など、声に出しながら書くと、音でも記憶できるようになります。

●算数は得意分野から伸ばしていく

算数は認知特性によって得意不得意が出やすい教科。論理的思考が必要になる数を操作する問題は言語優位の子どもが、空間認知力やイメージ力が必要になる図形問題は視覚優位の子どもが得意だと感じる傾向にあります。聴覚優位の子は、九九のように数字と音を連動させて覚えることは苦もなくできるでしょう。

まずは得意なところを伸ばしつつ、苦手な分野は認知特性に合った教材を使ってフォローしていくのが、算数嫌いにさせないコツといえます。

●理科と社会科は遊びながら知識を蓄えていく

理科と社会科は生活に密着した教科です。ベランダで野菜を育てる、昆虫や動物を飼う、旅行先でお城や寺院の来歴を知る、山登りや川遊びで地形を知るなど、遊びながら知識を深めていくのがベスト。「勉強させる」と構えず、親子でぜひ楽しんでください。

●記憶力を伸ばす方法

学習の土台となるのは記憶力ですが、それにはワーキングメモリ（作業記憶）を鍛えることが大切です。ワーキングメモリは情報を記憶するだけでなく、その情報に優先順位をつけたり取捨選択したりする力のことで、目で見た空間位置や物体、文字やモノの数などの情報を記憶する「視覚的ワーキングメモリ」と、耳で聞いた言葉や音、音階などを記憶する「聴覚的ワーキングメモリ」があります。この二つは神経衰弱やしりとり、言葉遊びなどで鍛えることができます。幼児期から遊びに取り入れてみましょう。

認知特性の違いを知る

認知特性は大きく分けて、「読んだ言葉」を処理するのが得意な言語優位、「見た情報」を処理するのが得意な視覚優位、「聞いた情報」を処理するのが得意な聴覚優位の三つに分類できます。もちろん、言語・視覚・聴覚という三つの特性だけで、その人の能力が決まるわけではありませんが、「思考のスタイル」である認知特性は、その人の根っこにあるもので、ほかのさまざま能力を左右するものといえます。

しかし、タイプ分けをすること自体が目的なわけではありません。大切なのは、同じものを見たり、経験したりしても、**人によって頭の中に情報をインプットする方法が違う**ということを知ること。そして、その情報を頭の中で考えて処理する方法も違えば、**自分の考えをアウトプットする方法も異なる**と理解することです。

認知特性テストは優劣を決めるものではない

私は２０２２年に本田式認知特性研究所ＬＬＰを設立し、さまざまな分野の専門家とともに認知特性について研究を進めています。２０２３年12月時点でＬＩＮＥの登録者数は約14万人。ご自身やお子さん、ご主人の認知特性を知りたいと思っている方が、とても多いことがわかります。

認知特性テストを受けたあと、「特別目立つタイプがないのは、得意分野がないということですか」「極端に点数が低い分野があって心配」といった相談を受けることがあります。テストをすればその結果が気になって当然です。でも忘れないでほしいのは、**認知特性は個人の情報処理の好みや特徴であって、良し悪しや優劣を測っているわけではない**ということです。

際立ったタイプがない人は、バランスよく各特性を持っているということなので、どのような情報も柔軟にインプットし、状況に応じたアウトプットができると考えられます。

一方、点数の低い特性がある場合は、自分はその認知の仕方が苦手なのだと理解しましょう。たとえば、ラジオ講座で英会話の勉強を熱心に続けているのに、いつまでたっても身につかない……と悩んでいた人が、認知特性のテストをしたら、聞いた情報を処理する能力が弱く、聞く学習は不向きなことがわかった、ということがあります。

このように、子どもの特性（得意なことや好み、苦手なことや不利なこと）を知っていれば、何か行動を起こすときや勉強方法を探すときなどに、**子どもがやりやすい方法を提案しやすくなりますし、苦戦する要素を減らせる**ようにもなります。

私は「頭がいい人」とは、「生まれながらに持っている資質や能力を最大限に利用できる人」ではないかと考えています。そのような頭のよさを発揮するためには、自分の認知特性を知ることがとても重要になるのです。

認知方法の違いを知ると、子どもへの接し方が変わる

認知特性を知ることで、わが子に対するかかわり方が変わると私は考えています。と

くに親子で得意な認知特性が違う場合、「私が見て、感じているのと同じように、子どもが情報をインプットしているわけではない」と気づくことは、とても大切なことだと思うのです。「この子は視覚優位だから、見たものを写真のように記憶しているんだろうな。言葉で難しい説明をしても記憶に残らないよね」など、**子どもへの理解が深まると、より良好な親子関係を築けるようになる**でしょう。

これは対子どもに限ったことではなく、大人同士の関係についてもいえること。自分の認知能力に偏りがあると知ることで、人にも偏りがあると気づくことができ、**多様性を認めるきっかけにもなる**と思うのです。

私は認知特性を知ることで、夫との関係が大きく変わったと感じています。「この人は私と違う見方、考え方をするから、こういう意見が出てくるんだ」と理解できるようになり、ケンカになることが減りました。また、「結論から言わないと私の気持ちは伝わらないだろうから、こういうアプローチをしてみよう」など、コミュニケーションの方法に工夫を凝らすようにもなりました。それによって、夫婦間の意思の疎通が以前に比べ、ぐんとよくなりました。

コミュニケーションの取り方も認知特性で違いが出る

「うちの子は言語で説明するのが苦手だから、人とコミュニケーションを取るのが下手なのでは。これから先、お友だちや先生たちとのかかわり方で悩むかもしれない……」と心配する親御さんは少なくありません。でも、**「おしゃべり上手＝コミュニケーションが上手」とは必ずしもいえない**のです。

聞く、話す、読む、書く、言葉で考える「言語操作」が苦手で、視覚優位の息子を見ていても、お友だちとのかかわり方で苦労していると感じたことはありませんでした。同じく視覚優位で口ベタの夫は、言語優位でおしゃべりな私より、コミュニケーション能力に長けています。表情やしぐさなどの視覚情報から相手の気持ちを読み取ることが得意なので、人とうまくコミュニケーションを取れるのだと思います。

口数は少ないけれど、「ここぞ」というときに一言おもしろいことが言えて人気者になる人もいれば、いつも活発に発言するけれど自分の意見を押し通し、周囲から距離を置かれる人もいます。発達障害の領域の話になってしまいますが、自閉スペクトラム症（ＡＳＤ）の人はとても論理的に話しますが、いわゆる「空気を読む」ことができず、コミュニケーションを取るのは苦手だったりします。つまり、**コミュニケーション能力は語彙《ごい》の多い少ないでは決まらない**のです。

巧みな言語能力より「共感力」が重要な時代に

たしかに視覚優位の子は基本的に言語操作が苦手なため、言語によってやり取りする「バーバルコミュニケーション」では苦戦しやすい傾向にあります。口ゲンカも弱いです。しかしコミュニケーションには、言語を使用しない「ノンバーバルコミュニケーション」もあります。ノンバーバルコミュニケーションとは、口調、抑揚《よくよう》、語調の強弱、身振り手振り、表情、姿勢などによって、自分の意思を相手に伝える方法。じつは**人のコミュ**

ニケーションの70~80パーセントは、ノンバーバルコミュニケーションで成り立っているるといわれます。言葉から伝わる情報は20~30パーセント程度ということなんです。とはいえ、相手に気持ちを伝え、相手の気持ちを汲み取るには、気持ちや思いを言語化する必要があるので、やはり言語も重要です。

私が医学生だった時代は、医師のコミュニケーション能力はあまり重要視されておらず、すべて成績で評価されていました。ところが、今の医学部教育は人間力やノンバーバルコミュニケーションの力をとても重視するようになりました。これは、どの職業でもいえることです。これからの時代を生きる子どもたちは、いかにたくさん言葉を発するか、どれくらい論理的に説明できるかではなく、**相手に対する思いやりや共感力がすぐれた人が「コミュニケーション能力の高い人」と評価される**ようになるでしょう。

イメージや体験を共有するのもコミュニケーション

言語操作能力が得意な子ども（主に言語優位者と聴覚優位者）は、バーバルコミュニケーション能力が高いので、その日の体験を自らたくさん話してくれるでしょう。子どもから発信がなくても、「今日は学校で何をしたの?」と水を向けると、いろいろと話してくれることが多いと思います。

一方、バーバルコミュニケーションが得意ではない子ども（主に視覚優位者）に同じ質問をすると、「別に」「楽しかった」くらいのことしか返してくれず、会話を引き出すのが難しいことがあります。そんなときは、言葉でのコミュニケーションにこだわるのをやめましょう。言語操作が苦手な子どもとは、イメージを共有するコミュニケーションがおすすめです。たとえば、一緒に絵を描く、夕食を一緒に作る、好きなアニメを一緒に見るなどです。**同じ時間を共有し、同じ気持ちになること自体がコミュニケーションになる**のです。

これはお友だちとの関係でも同じ。たとえお友だちと会話が弾んでいなくても、一緒に何かを作っている、あるいは、黙って近くにいるだけでも、子どもたちはコミュニケーションを取っているものです。その空間にいることがお互いにとって心地いいということなので、その時間と空間を大切にしてあげましょう。

認知特性を知って、才能を伸ばす

夫が私と結婚した30代の頃、せっかくいい作品を作っても、プレゼンテーションでうまく説明できなくて、自分の作品が採用されないことが多いと悩んでいました。「頭の中のイメージを言葉にした時点で違うものになってしまう」と言うのです。ところが認知特性を知ったことで、自分は視覚的な伝え方なら得意だと気づき、パワーポイントなどで視覚的な資料を作り、言葉で細かく説明しなくても相手に伝えられる方法でプレゼンテーションすることを思いつきました。すると、彼が意図することを相手によく理解してもらえるようになり、プレゼンテーションがうまくいくようになったそうです。

このように、夫は自分の得意な分野で苦手なことをカバーしたわけですが、その一方で、苦手な言語力を意識し、補う努力もするようにもなりました。その結果、50代になった今は20年前に比べて言語力がとても伸びています。

「社会的報酬」で子どものやる気を引き出そう

この夫の例でもわかるように、**大人は自分の苦手な部分を認知特性に合ったやり方で対応できる**ようになります。子どもも中学生や高校生になると、自分の認知特性を自覚し、苦手なことを補うためにはどうすればいいか考えられるようになっていきます。

しかし、小学生以下の子どもが自ら考えることは難しいので、その時期は得意なことでたくさん達成感を味わわせ、チャレンジ精神や意欲を育てていくことが大切です。

子どものやる気を育てるには「報酬」が大きな力を発揮します。報酬といってもお金やモノではなく、「社会的報酬」という心理的なごほうびです。これは、周囲から認められたり、ほめられたりすること。あるいは、「いつも見守っているよ」という大人や親の態度です。**親や先生、お友だちから称賛されることで子どもは社会的報酬を受け取り、さらに頑張ろう**とします。

「楽しい!!」は、子どもの才能を開花させる特効薬

人間はいくつになっても成長、発達します。3歳のときは何をやってもすぐに飽きてしまい、最後までやり遂げるのが苦手だった子どもが、8歳になったら将棋に没頭するようになり、大人にも負けないほどのいっぱしの棋士になっていることがあります。

このような場合、成長とともに子どもの能力が変わったのだと思うかもしれません。でも、そうではないのです。もともと持っていた強い能力がモチベーションや価値観、思考パターンなどによって開花した、練習によって技術を習得した、学習によって知識を得たことで能力が高まった——などが理由として考えられます。

これらのことを踏まえて考えると、子どもの中で眠っている能力や才能を目覚めさせ、育てるには、**子ども自身が自分の特性を知り、周囲の大人や親がそれに適した環境を整え、教育を受けさせることが大切**ということです。

ただし、人間には認知特性以外にもさまざまな能力があり、認知特性で得意な分野に

おいて必ずしも能力が発揮されるとは限りません。たとえば、聴覚優位で絶対音感もありそうだから音楽家に育てようと、幼児期から一流の先生のもとでピアノの英才教育を行ったとします。でも、当の本人が音楽に興味がなく、ピアノの練習が苦痛でしかなかったら、才能があったとしても開花することはないでしょう。

また、子どもの認知特性から考えると言語認知は苦手なのだけれど、幼児期から質の高い英会話教室に通わせればバイリンガルになれるはず！　と、子どもの気持ちを無視して英会話の勉強をさせたとしても、言語能力は育っていかないでしょう。

子どもの才能を目覚めさせるために何よりも大切なのは、子どもが楽しんで取り組めること。脳内のドーパミンという神経伝達物質は、「楽しい、うれしい」などの快感によって分泌されます。そしてドーパミンが分泌されると、思考や記憶、運動をつかさどる脳の部位が活発に働くようになります。つまり、子どもの才能を目覚めさせ、能力を高める最高の特効薬は、「楽しい!!」という感情なのです。

楽しいことなら放っておいても子どもは熱中し、その能力を高めていきます。子どもが笑顔で取り組めること、その能力を伸ばすために必要なことを考えてあげましょう。

COLUMN 2

ギフテッドとは？

ギフテッド（gifted）とは、一般に高い知能や特有の分野ですぐれた才能を持つ人のことをいいます。知能指数（IQ）が高い人だけでなく、芸術分野やリーダーシップなどで高い能力を発揮する人なども含まれます。興味のあることには旺盛な好奇心と高い集中力を持って取り組んだり、斬新なアイデアや作品を生み出したりすることが特徴といわれています。

飛び級制度のある欧米諸国などでは、ギフテッドの子どもは得意な分野でどんどん飛び級して、その突出した才能を磨いていきます。

ギフテッドの特性には発達障害の特徴と似ている部分もありますが、ギフテッドの子どもがみな発達障害を抱えているわけではありません。

ただ、突出した能力を持っているために、さまざまな悩みを持つことも少なくありません。学校の授業が退屈すぎてやる気をなくしたり、得意なことが人並み外れてすぐれているため、苦手なこととのギャップに苦しんだりすることも。凸凹に悩みがちという点では、発達障害の子どもたちと共通点があるといえるでしょう。

また、日本はアベレージ志向が強い傾向があり、平均的な子が正常だと捉えられがちです。ギフテッドの子どもは「基準外」とされ、「発達障害」というレッテルを貼られることがあるかもしれません。それを障害と捉えるか、個性と捉えるかは、周囲の考え方次第ではないでしょうか。

第3章

才能開花のヒントがわかる！認知特性タイプ ガイド

視覚優位者❶

カメラタイプ

目で見た情報を処理するのが得意で、
写真のように二次元で情報を捉え、思考する。
アウトプットするときも画像や図として表現する。

視覚優位の人は、目で見た情報を見た通りに記憶するのが得意です。なかでも、「カメラタイプ」は頭の中にカメラがあって、記憶するときはそのカメラのシャッターを切って画像として取り込んでいます。何かを思い出すときも、膨大な量の写真が入るアルバムから画像として取り出すイメージです。

「いちばん古い記憶はいつのものですか」と聞かれると、多くの人は物心がつく4～6歳頃のことを思い浮かべるでしょう。その頃には言葉が発達し、状況説明や因果関係の理解ができるようになるからです。

けれど、カメラタイプの人は、**言葉の発達以前に頭の中に画像として記録している**ので、もっと小さい頃、3歳以前の記憶を思い出せます。しかも、何年たってもそのイメージがぼやけず、鮮明に思い出せるうえ、そのときに誰がどんな服を着ていたか、部屋の様子はどうだったかなど、エピソードに関係のない詳細部分まで覚えています。

さらに、記憶の仕方が「自分の目から見た情報」なので、その場面に自分はいません。

私の夫はカメラタイプですが、いちばん古い記憶を聞くと「自分がハイハイをしていて、階段を2段ぐらい登ったときに、窓から入る光が階段に影を落としていたのを覚えている」

と言います。ハイハイをしている頃といったら1歳になる前です。そのとき**自分の目で見た場面が写真のように思い浮かぶ**というのです。

また、グラフィックデザイナーをしている夫は、撮影された写真をセレクトする際、似たような何百枚もの画像をパソコン上で早送りしながらチェックして、ベストカットを選びます。横で見ている私には、どこがどう違って、何がよくて何が悪いのかさっぱりわかりませんが、彼の頭の中でアルバムのように画像を記憶できるからこそ、この作業をたやすくこなせるのでしょう。

●絵や図で表現するのが得意なカメラタイプ

私は、診察室を訪れるお子さんに、よく「病院までどうやって来ましたか？　この紙に書いてください」と白い紙を一枚渡します。「どうやって書けばいいの？」と聞かれますが、「自分の思うように書いてね」とだけ告げます。すると、カメラタイプの子どもは路線図や地図を描くなど、ほとんど言語を介さない図式を用いて応じることが多いのです。視覚優位の人は、幼い頃はとくに言葉で説明することが苦手で、自分の思いをうまく伝えられないこともあります。

また、カメラタイプには**絵を描くのも好きで、得意な人が多い**のです。アニメのキャラクターなど手本を見ずに記憶だけで描こうとするとき、脇役も鮮明に描けたりします。上手下手は別にして、特徴を詳細に描けるのは画像として記憶しているからでしょう。お絵描きが好きだったり、カラフルなものに反応しやすかったりするお子さんは、このカメラタイプかもしれません。

●トラウマ体験がフラッシュバックすることも

視覚優位の人は、写真や映像として記憶をインプットするため、衝撃的な場面はとくにはっきりと脳に残り、忘れにくい傾向があります。そのためトラウマ体験があると、その情景がフラッシュバックされやすいことがあります。

カメラタイプにおすすめの遊びと勉強法

色や形を捉えることが得意なので、パズルや『ウォーリーをさがせ！』のような視覚探索絵本などを好みます。

また、おもちゃの景品やシールなど本人が視覚的に気に入ったものを集めたり、それをきれいに飾ったりすることも好きです。クルクル回ったりする単純な動きのものを飽きずに眺めていることも。ごほうびシールなどが集まると、モチベーションも高まります。

自分のイメージの中で遊ぶことも多く、お絵描きも好んでします。

目からの情報に反応しやすいため、机に向かっていても目がキョロキョロ動いたり、よそ見をしたりすることもよくあります。「集中力のない子だな」と思うのではなく、「いろんなものが視界に入っているんだな」と理解して、机回りを整理してみましょう。

画像と一緒に覚える

絵本や図鑑などイラストや写真が多く使われた本を見ながら読み聞かせをする。

漢字はパズルで覚える

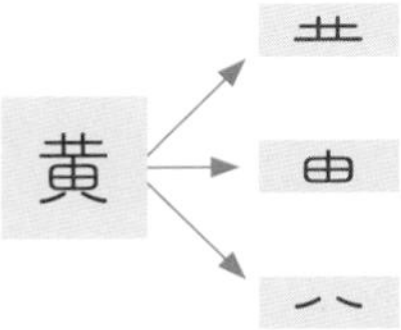

パーツを組み合わせて漢字を完成させるカードなどを使うとよい。

おすすめの遊び・おもちゃ

- 絵本
- 図鑑
- パズル
- トランプの神経衰弱　など

視覚優位者❷

3D タイプ

目で見た情報を処理するのが得意で、
3Dの動画のように時間という三次元目の情報を加え、
空間や時間軸を使って思考する。
人の顔を覚えるのが得意で、髪型の変化にもすぐ気づく。

視覚優位者のなかでも、カメラタイプが見た情報をスチール写真のような平面で捉えるのに対し、**「3Dタイプ」は空間や時間などを加えた奥行き感のある映像として捉えます**。頭の中でビデオカメラを回しているような感じです。ですから、場面ごとにその前後関係も記憶し、見たものを順序よく、時間を追うようにして説明できます。一度行った場所は、道順をしっかり覚えているという人も多く、私の息子は3Dタイプなのですが、彼は2歳のときから、一度しか訪れたことがない場所のことでもよく覚えています。診察室での「病院までどうやって来ましたか」という質問に、カメラタイプと同じように、文章ではなく地図や図式を用いる子どもが多いのですが、さらに信号や店の看板などの目印を立体的に書き加えることができます。これは、自分の見た風景を順序よく、時間を追うように思い出すことができるからでしょう。

3Dタイプの人は、映画をネットなどで見返すとき、場面をスキップしても次にどんなシーンがくるのか即座にわかります。名前も知らない脇役が、ほかのどの映画に出ていたかもよく覚えています。「このお店や風景は別の映画にも出ていた」「同じようなシーンがあの映画にもあった」といったことまでわかる人もいます。

●初対面の人の顔をすぐ覚えられる

３Ｄタイプは人の顔を見分けられるエキスパートです。人の顔を認識するとき、私たちは目や鼻、口の奥行きや角度を捉えることで、その人の容貌を覚えたり、表情を読み取ったりしています。つまり、顔や表情の認識は三次元のイメージだということです。

そのため、立体視で記憶する３Ｄタイプは**人の顔を覚えるのが得意**です。知り合いの髪型が以前と変わっていたり、正面ではなく違う角度から見かけたりしても、誰なのかすぐに気づくことができるでしょう。

●空間を捉えるのも得意

建築家である私の友人は、「設計図を見ただけで、立体の建造物が浮かび上がり、さまざまな角度からどのように見えるかがわかる」と言います。３Ｄタイプの人は、**頭の**

中で図形を回転させて、眺めることが容易にできるのです。間取り図を見るだけで部屋を立体的にイメージでき、その場にいるような気分に浸れるという人は、空間認知力の高い3Dタイプといえるでしょう。

建築家もそうですが、外科医も3Dタイプが多い職種です。乱暴な分類を承知のうえで言うと、内科系の医師が言語を用いる「コンサルタント」だとすると、外科系の医師は建築家と同じような認知を必要とされる「アーティスト」です。手術を専門とする医師は、三次元であるからだの構造を立体的に捉え手術を行います。オペの名医は見たものを空間的に把握できる3Dの認知特性を存分に発揮しているのかもしれません。個展を開くほどの絵画好きで画才のある外科医の知人がいますが、外科医には視覚優位者が多いことからも、絵や写真などの趣味や特技を持つ人が多いのは納得できる話です。

幼かった息子を初めて花火大会に連れていったところ、「花火は横から見るとどうなっているの?」と聞かれました。それまで花火の奥行きについて考えたこともありませんでしたが、たしかに花火は球体に広がりますから、どこから見ても同じように丸く見えるのです。そんな発想は3Dタイプならではかもしれません。

3Dタイプにおすすめの遊びと勉強法

見たものを立体的に捉えることが得意なので、ブロック遊びやレールをつなげて電車を走らせる玩具などを好みます。

絵を描くのも好きで、すべり台やブランコなどを立体的に描くことも得意です。漢字は墨を使って筆で書かせると、重なりが濃くなって立体的に認識しやすく、書き順も覚えやすくなるようです。

映像イメージを思い浮かべ、その世界に浸って遊ぶこともよくします。ごっこ遊びのような物語の世界というよりは、たとえば宇宙戦争やカーチェイスのように映像シーンを楽しむような遊びでしょう。

視覚優位の人はビジュアルで記憶したり、思考したりするので、相手の質問に言葉でうまく答えられず、つい口ごもってしまう人もいます。幼い頃は、とくに口頭での指示が複雑だと理解が追いつきづらいこともあるでしょう。

映像で覚える

知育動画はインプットしやすい。映画やドキュメンタリーなどもおすすめ。

結論を先に伝える

説明するときは結論から先に伝える。図に描いて整理すると理解が早い。

おすすめの遊び・おもちゃ

●「プラレール」などの鉄道玩具　●ブロック
●図鑑　●動物などの立体フィギュア
●「カタミノ」などの立体パズル　など

言語優位者❶

ファンタジータイプ

言語を映像化すること、映像を言語化することが得意。
見たことやイメージを言葉でうまく表現したり、
説明したりできる。

言語優位の人は、本や小説を読むと、文章からその場面が容易に想像できるのが特徴です。なかでも「ファンタジータイプ」の人は、言葉を映像に置き換えて映像イメージとして記憶します。**言語を映像化するだけでなく、逆に映像を言語化することも得意**です。見たことをきちんと言葉で説明でき、「まるで○○のようだ」と比喩を使って表現することも上手です。ですから、このタイプは、絵本作家、作詞家、雑誌の編集者や小説家などに多く見られます。商品などのイメージを言語化して伝えるコピーライターは、まさに天職でしょう。子どもの頃から、友人にあだ名をつけるのが得意だったという人は、見た目を言語化するのが得意なファンタジータイプかもしれません。

視覚優位者は主に右脳を使っているといわれていますが、ファンタジータイプは言語機能をつかさどる左脳と、イメージをつかさどる右脳をバランスよく使うことができる人ともいえるでしょう。

また、言葉から映像をイメージしやすいためか、**ファンタジーの世界観が強い人が多い**のがこのタイプの特徴です。小さな頃、漫画を描いたり、物語をつくったりするのが好きだったという人も多いようです。

●話がおもしろいファンタジータイプ

空想や妄想することが好きなので、前述のように小さい頃からマンガを描いたり、物語をつくったりして楽しむのもこのタイプです。

また、人の話を映像にしてイメージできるため、自分もその場で経験したように理解できます。ですから、他人が体験したことを、あたかも自分が体験したかのように説明できますし、**話を膨らませて、おもしろおかしく人に聞かせることも得意**です。

おしゃべりが得意な子や、ごっこ遊びが好きな子はこのタイプかもしれません。

●映像で覚えて言葉で表現する

友人の娘さんは出生時のことをよく覚えていて、おしゃべりができるようになった2歳の頃「トンネルみたいなところを『苦しいな〜』ってぐるんって回って出てきたら、急に明るくなって、白い服を着た人がいっぱいいたよ〜」と話してくれました。その記憶がほんとうだとすれば、彼女は産まれ出るという衝撃的な出来事を映像で記憶し、言語と結びつけているのです。

一方で、映像に言語的な意味づけが加わるため、**暗示にかかりやすかったり、極端に恐怖心を抱きやすかったりする**のもファンタジータイプに多い特徴です。

診察室で出会ったある子どもは、電車の中で母親から「手すりはバイ菌がたくさんついているから、おうちに帰ったら手を洗おうね」と言われたことがきっかけで、その日から電車の手すりを決して触らなくなり、座席にも座れなくなってしまいました。

私が「なぜ、手すりを触るのがいやなの？」と尋ねたところ、「ヤリを持った真っ黒で意地悪そうな顔をしたバイ菌たちにやっつけられちゃうもん」と答えました。絵本などで見た怖い顔をしたバイ菌が手すりや座席にたくさんいる、という映像をイメージしたのかもしれません。母親の何気ない一言から、その子どもの頭の中ではさまざまな怖いイメージがアニメのように浮かんで、このような暗示にかかったのでしょう。

カメラ
3D
ファンタジー
辞書
ラジオ
サウンド
番外編

ファンタジータイプにおすすめの遊びと勉強法

空想や妄想をするのが好きなので、ごっこ遊びやおままごとを好んでします。幼い頃、人形遊びが好きだったという人はこのタイプかもしれません。無声アニメをおもしろがるのもファンタジータイプならではでしょう。

本を読むのも好きですが、即興で作り話をするのも得意です。童話のストーリーや結末を変えたりして話すこともありますが、「違うでしょ」などとすぐ否定せず、空想に遊ぶのが上手だなという視点で見守ることも大切です。

ファンタジータイプの人は文字や文章を頭の中で映像化して理解するので、エピソードとともに覚えるのが得意です。たとえば、貸すという漢字を「代わりに貝を貸す」というように、映像イメージと一緒に覚えると記憶しやすいでしょう。イメージを想起しやすいように、文章だけでなく写真やイラストなどが多い本を選ぶのもおすすめです。

イメージ遊び

「きるものな〜んだ」（ハサミ、包丁、紙、髪、服……などすべてが正解）など抽象的イメージを膨らませる問題を出し、言語力や想像力を伸ばす。

漢字はイメージと一緒に覚える

漢字の成り立ちや、部首などのパーツの語呂合わせをするなどイメージと一緒に覚える。

おすすめの遊び・おもちゃ

- ごっこ遊び
- 連想ゲーム
- スリーヒントゲーム
- 絵本や漫画の創作　など

言語優位者❷

辞書タイプ

「言葉を見る」のが得意。
難しい文章を理解することや、
整理して図式化することができる。

言語優位の人は、文字や文章を読んで理解することが得意です。ファンタジータイプの人は文章を頭の中で映像化して理解しますが、「辞書タイプ」の人は、**文字や数字とともに図式化して理解します**。

たとえば、歴史の本を読むと、家系図や登場人物の相関図が思い浮かぶ、という感じです。一方、同じ言語優位でもファンタジータイプの人は、歴史のワンシーンを映画のように映像として思い浮かべるでしょう。文章を図式化するのが得意なので、**授業の内容をノートにまとめるのが得意だった人は、辞書タイプ**でしょう。マーカーやペンを使い分けたり、文字の大きさにメリハリをつけたりして、要点や重要箇所を見やすくまとめることができます。

文字や図は、言語を視覚的イメージとして記憶するためのツールとしてとても役に立ちます。わかりづらい文章を聞いたり読んだりするときは、視覚的なイメージになるように図式化し、情報を整理して理解するというわけです。

スケジュール帳を見やすくまとめて活用している人や、要点を絞って簡潔にメモを取れる人は、辞書タイプかもしれません。

●聞くだけだと覚えられない

辞書タイプは「言葉を見る」のが得意です。これは音として聞いたことよりも、一度紙に書いたり、書いてある文字を見たりしたほうが覚えやすいという特徴があるのです。英単語を書いて覚えたという人は、辞書タイプといえるでしょう。じつは私も典型的な辞書タイプです。職業柄、学会や講演会に参加する機会が多いのですが、覚えておきたい内容は必ずメモを取ります。記憶力が悪いこともあって、話を聞いているだけでは内容は理解できても、まったく覚えられないからです。耳で聞いた情報は、文字や図として紙に書き、視覚情報に変換させて脳内で整理させているのです。

初対面の人の名前を覚えるときも、聞いただけでは覚えられないので、必ず名刺をもらい、名前を文字として覚えます。子どもの友だちの名前も、音ではなく、漢字などを聞いて文字を視覚情報に変換させて記憶するようにしています。

何かを思い出すときに、必ず言葉も一緒に思い出すのが辞書タイプの特徴です。そのため、「いちばん古い記憶」も自分の目から見た映像の記憶ではなく、一度自分の脳内で言語として処理されていることが多いので、1、2歳の記憶ではなく、言葉をある程度獲得した幼少期（4〜6歳）以降のことが多いでしょう。視覚優位の人に比べ客観的で、その場面に自分自身が登場するという特徴があります。

●ロジカルでプレゼンテーションも上手

辞書タイプの人は、**読んだ情報を処理するのが得意**なので、幼い頃から本を読むことが得意だったり、好きだったりする傾向があります。ファンタジータイプと同様におしゃべりといわれる人が多く、格言やことわざ、四字熟語などを日常会話に盛り込んだりします。言葉を整理して要点をまとめるのが得意なので、ロジカル（論理的）な人が多いのも特徴です。説明やプレゼンテーションが上手な人ともいえるでしょう。

職業としては、内科系医師や教師、作家、金融関係、心理学者など、わかりづらいことを整理し、言葉で物事を教えるような職種に向いています。

辞書タイプにおすすめの遊びと勉強法

言語思考が得意なので、物事を論理的に言語化でき、考えや話すことに順序やまとまりがあるのが辞書タイプ。幼い頃から本を読むのが好きだった人が多いでしょう。「今日は雨だから、お外で遊べないね」などと論理立てて話します。大人向けのテレビドラマなども好きで、「ママはモテたくてお化粧するんでしょう」とか、ドキッとするような指摘をしたりします。

論理的に考えたり、説明されたりするのが好きなので、「あれ何？　これ何？」と質問攻めにする子は辞書タイプかもしれません。このタイプの子どもに何か伝える際は、論理立ててしっかり説明するようにします。

仕組みや理由などと一緒に覚えるのが得意なので、漢字は成り立ちや意味なども合わせて勉強するのがおすすめです。

ディベートをする

あるお題について「はい」か「いいえ」を決め、なぜそう思うか理由や考えを言葉でまとめ、議論する。

仕組みや理由などと一緒に覚える

漢字の成り立ちや書き順、意味と一緒に覚える。

おすすめの遊び・おもちゃ

- ごっこ遊び
- 「ワードスナイパー」
- なぞなぞ
- スリーヒントクイズ
- 交代でストーリーを考える物語づくり

など

聴覚優位者❶

ラジオタイプ

「言葉を聞く」のが得意。
情報は聞いて覚え、考えるときは言語を使い、
言葉を操るのも得意。

「言葉を見る」のが得意な言語優位の人に対し、「言葉を聞く」のが得意なのが聴覚優位の人です。文字を読んで覚えるのではなく、**耳から聞いて覚えるタイプ**といえます。ノートを取るより、話をしっかり聞くほうが理解できるという人はこのタイプでしょう。情報を音声で入力するため、相手の話を瞬時に理解して記憶できる「ラジオタイプ」は、メモを取らなくても内容を覚えられますし、一度聞いたCMのフレーズや歌の歌詞を覚えるのも得意です。本を読み聞かせたあとや、劇や映画などを観たあとに、登場人物のセリフを暗唱できるお子さんはラジオタイプかもしれません。

視覚優位のカメラタイプや3Dタイプが芸術や空間認知力に長けた右脳優位者だとすれば、ラジオタイプは言語をつかさどる左脳優位者といえます。言語優位という点では、辞書タイプと重なっているところもあります。

イメージよりは言語そのもので思考するので、脳内で自分自身と対話する**サイレントトークが得意で、独り言が多い**のもこのタイプの特徴です。また、論理的で系統だった思考をすることにも長けています。

●ダジャレが上手で、言い間違いにもすぐ気づく

子どもの頃、替え歌やかるたが得意だった人も多いでしょう。音をよく理解できるので、韻を踏んだり、似たような言語音声をすぐに想起できたりするからです。そのため、ダジャレが得意なのもこのタイプです。また、他人の言い間違いにもよく気がつきます。相手の言葉じりを捉えたり、話のつじつまが合っていないことを指摘したりして、いやがられた経験がある人は、このタイプかもしれません。

Eテレの『ピタゴラスイッチ』という番組に、『いたちのたぬき』（作詞 内野真澄・佐藤雅彦）という数え歌があるのですが、この歌は「いたち の たぬき／かに の かとり／さんま の まつり……」というぐあいになぞなぞになっていて、答えは1から10までの数字です。この歌を聞くだけで、すぐに「なるほど！」と納得できる人は、まさに聞いた言葉を瞬時に理解できるラジオタイプです。言語優位の私は、文字にしてみてようやくわかったクチです。

●九九を覚えるのが得意で、聞くだけで勉強ができる

私が立ち上げた本田式認知特性研究所ＬＬＰの同僚である粂原圭太郎さんは、聴覚優位のラジオタイプなのですが、以前会った人を思い出すときは、その人の声や話していた言葉の音を手掛かりにするのだとか。学生時代の先生を思い出すときは、先生の声とともに授業で話していた内容がよみがえるそうです。**記憶のアウトプットにも「音」を手掛かりにする**のが聴覚優位の人の特徴です。

粂原さんは、高校2年生のときに首を骨折して長期の入院を余儀なくされたそうです。上を向いてひたすら寝ていなければならない入院生活で、テープに録音した授業内容を聞くという勉強法をしたところ、成績が劇的に上がったのだとか。耳で聞く勉強法を続けた彼は京都大学に首席合格したのですが、今でも何かを覚える際、音を活用するそうです。声に出して読み上げたり、録音したものを聞いたりするほか、黙読するときも音を頭に浮かべるイメージで読むのだそう。「音」にした言語を記憶に使うわけです。

カメラ
3D
ファンタジー
辞書
ラジオ
サウンド
番外編

ラジオタイプにおすすめの遊びと勉強法

辞書タイプと同様に言語思考が得意で、幼い頃から物事を論理的に言語化することができます。「あのときパパはこう言ったよ」とか、聞いた言葉をよく覚えているのもラジオタイプの特徴です。耳で聞くことが得意なので、印象的なCMのキャッチフレーズなどを好んで復唱したりします。

言葉遊びも好きなので、しりとりや語呂合わせ、逆さ言葉なども喜ぶでしょう。「とけい→けいと」などのアナグラム遊びや「竹屋が焼けた」などの回文遊びもおすすめです。かるたも得意なので、家族や友だちと一緒に競うことでより上達したり、自信がついたりするでしょう。

本を読むときは黙読よりも音読するほうが、聞いて理解する特性をさらに伸ばすことができます。『きくきくドリル』やラジオ講座など、聴覚を使った勉強法がおすすめです。

音を使ったゲーム

いろんな音を再現する「音マネゲーム」や、目隠しした子どもに生活用具の音を叩いて聞かせ、「なんの音?」と当てさせるなど聴覚を使って遊ぶ。

音と一緒に文字を覚える

ダジャレかるた、ことわざかるたなど音と一緒に文字が覚えられるゲームがおすすめ。

おすすめの遊び・おもちゃ

- しりとりなど言葉遊び
- 音マネゲーム
- 音当てゲーム
- かるた　など

聴覚優位者❷

サウンドタイプ

「音」で情報処理をするのが得意。
聞いた音を再現できたり、音色がわかったりする
聴覚感性が高いタイプ。

ラジオタイプと同様に聴覚的な情報処理が得意ですが、耳にした情報を言語として思考するラジオタイプに対し、「サウンドタイプ」はたんに「音」として捉えるという違いがあります。音階や音色といった言語的な意味を持たない情報も、イメージとして脳内で処理できるということです。

CMや映画などで使われる音楽は、**歌詞よりも先にメロディーを覚え、一度聞いただけで口ずさめる人は、サウンドタイプ**でしょう。子どもの頃から歌を歌うのが好きだったり、ハモるのが得意だったという人もこのタイプかもしれません。

音楽家はまさにこのタイプといえます。認知特性テストの問32（74ページ）で絶対音感が「ある」と答えた人は、サウンドタイプの特徴を備えています。絶対音感とは、聞こえてきた音の高さを判断できる能力のことです。音楽以外でも、日常的な音が「ドレミ……」で聞こえる人もいます。救急車のサイレンはよく「ピーポーピーポー」と表現されますが、「シーソーシーソー」などと聞こえるといったぐあいです。

ハモれる能力があるのは相対音感の持ち主です。相対音感とは音と音との高低差を把握できる能力で、カラオケで原曲ではなく、キー（階調）を変えて歌うときに必要な能

カメラ
3D
ファンタジー
辞書
ラジオ
サウンド
番外編

力といえます。このように、音に対しての感性がすぐれた人がサウンドタイプといえますが、絶対音感を持っていなくても、サウンドタイプの人は大勢います。

●声マネ、モノマネが得意

前出の『ピタゴラスイッチ』という番組で、『ぞうのあしおと係』という曲があります。生き物の歩く音を楽器で表した歌で、象の足音はチューバ、しじみの開く音はカスタネット、ヘビが這う音はバイオリンで表現しますよ、というものです。この歌を聞いたことがなくても、この説明だけで曲のイメージがわいてきたという人は、サウンドタイプの特性を持っています。

知り合いの息子さんは、親戚の家があるJR中央線に数回乗っただけで、途中の駅のすべての発車メロディーとアナウンスを再現できたといいます。発車メロディーもピアノだけでなく、リコーダーなどほかの楽器と使い分けて再現するのだとか。

サウンドタイプの人には、**自分で聞いた音を自分の声として発声できる人**もいて、動物の鳴き声や、知人の声色《こわいろ》と話し方などをそのまま再現できます。モノマネが得意な人はこのタイプといえます。

●外国語の発音もきれい

外国語の発音やリズム、イントネーションなどの特徴をつかむことが得意なので、ネイティブではないのに発音が上手だったりするのもサウンドタイプです。

腹話術師のいっこく堂さんは、腹話術だけでなく、モノマネのレパートリーも豊富で、さまざまな音声を再現できますが、外国語のセンスもすばらしいのです。海外公演ではその国の言葉でショーを行っているそうですが、複数の外国語の発音やイントネーションをしっかりマスターできるのは、言語の意味を理解するというよりも、言語を音やリズムとして脳内で処理しているからでしょう。

英語が得意でなくても、英語の歌をすぐ覚えられたり、九九や年号などを記憶するとき、**リズムよく暗唱すると覚えやすかった人はサウンドタイプ**かもしれません。

サウンドタイプにおすすめの遊びと勉強法

音やリズムを理解するのが得意なので、「太鼓の達人」や「ダンスダンスレボリューション」のようなゲームを好んでします。

ラジオタイプと同様に耳で聞くことが得意なので、「耳からの勉強法」を意識するといいでしょう。リスニング教材やラジオ講座などを利用するのが効果的です。本や教科書も声に出して音読すると、理解しやすいタイプです。語呂合わせもリズムをつけたり、ラップ調に節をつけたりすると、より覚えやすくなるでしょう。音声データを繰り返し聞くことで覚えるのがラジオタイプ、メロディーをつけると覚えられるのがサウンドタイプといえます。

聴覚優位が強い場合、騒がしい場所ではさまざまな音を拾いすぎてしまい、集中できないこともあります。また、目で見た情報をまとめるのが苦手で、授業での板書に苦労することがあるかもしれません。

聖徳太子ゲーム

二人以上で別々のことを同時に言って、それぞれがなんと言ったかを当てるゲーム。

手遊びやリズム遊び

歌と一緒に手遊びをしたり、リズムに合わせてダンスやエクササイズをする。

おすすめの遊び・おもちゃ

- 「太鼓の達人」などのリズム玩具
- 手拍子しながらラップ
- 楽器のおもちゃ
- 手遊び　など

番外編

身体感覚優位タイプ

身体感覚には、今までの認知特性で出てきた視覚や聴覚以外の感覚もあります。視覚、聴覚、嗅覚、味覚、触覚という、いわゆる五感についてはよく知られていますが、それ以外にも**固有覚、前庭覚（平衡《へいこう》感覚）、という大事な感覚**があります。

固有覚とは、自分の手足の位置や動き、力の入れぐあいを感じる感覚で、前庭覚とは、自分のからだの傾きやスピード、揺れや重力など、バランスを感じる感覚のことです。

たとえば、ダンスが上手なお子さんは、お手本を見るという視覚情報、音楽を聞いてリズムを捉えるという聴覚情報だけでなく、からだをうまく動かせる固有覚や前庭覚といった身体感覚がすぐれているといえます。

このように、視覚や聴覚以外の、**嗅覚、味覚、触覚、固有覚、前庭覚がすぐれているのが、身体感覚優位タイプです**。

ただ、日常生活で物事を理解したり記憶したりするには、視覚や言語、あるいは聴覚を使うため、この五つの感覚は認知特性テストには入りません。身体感覚優位者は身体の感覚で強く記憶したり、理解したりすることができるという意味で、いわば認知特性の番外編となります。

●味の再現ができる料理人や、イメージ通りの香りを作る調香師

お店で一度食べた料理を、自宅で上手に再現できる人がいます。私のいとこがそうなのですが、彼女はどの調味料をどのくらいの配分で使っているかを「味覚」という感覚で理解し、アウトプットできます。「少し塩けが足りないな」というときに、どのくらいの分量を足せばいいのかを、言語や視覚ではなく、味覚でわかるのです。

ソムリエは、ワインの繊細な味と香りを言葉に置き換えてアウトプットする職業ですが、味覚と嗅覚のセンサーがすぐれているからこそ、さまざまで膨大な風味の記憶をとどめられるのでしょう。

「これはおばあちゃんの味だ」とか「雨の匂いがするから、雨が降りそうだ」といった

ように、味や匂いを過去の記憶や経験とひもづけて思い出す人は、身体感覚の認知力が敏感だといえます。

このようなタイプは、スポーツ選手やダンサー、料理人、ソムリエ、調香師などに多く、自分のからだや自分の感性をよくわかっている人たちです。

●ダンスや運動が得意な子は身体感覚がすぐれている

ダンスや運動が得意なお子さんは、とくに固有覚や前庭覚といった身体感覚がすぐれていて、ボディーイメージがいいといえます。自分のからだのイメージが把握できているからこそ、水たまりをよけてジャンプしたり、手足をうまく使ってジャングルジムに登ったりできるわけです。大縄跳びにちゅうちょなく飛び込んで跳べるような子も、身体感覚がすぐれているといえます。

こうした身体感覚優位タイプや前述のサウンドタイプの子どもは、早期教育をすることで、その才能が開花するかもしれません。

診察室を訪れたお子さんに、学校の勉強はなかなか覚えられないけれど、ダンスの振り付けだけは誰よりも早く覚えられる、という中学生がいました。知能検査を実施すると、ワーキングメモリ（作業記憶・短期的な記憶）や遂行機能（計画して実行する能力）の評価点が低かったので、言語や数字を用いる課題はたしかに苦手そうです。ただ、そのお子さんは、音やリズムなどの情報を自分のからだを使って処理し、記憶する能力には長けているのです。

じつは、言語で説明できるような記憶と、運動による記憶はまったく別のルートをたどります。知能検査では評価することが難しい身体感覚ですが、学校の勉強が苦手でも、その子にはダンスの才能があるということです。

身体感覚優位タイプのお子さんは、九九や年号などを覚える際、歩きながら繰り返すなど、からだを動かしながら記憶する方法がおすすめです。空中に文字を書く「空書《そらがき》」など、腕を大きく使い、書き順を確認しながら行うのもいいでしょう。

COLUMN 3

感覚過敏について

黒板を爪で引っかく音に耐えられない ―― 。そのように音や匂い、触り心地、味などの「感覚」に関する苦手なことは誰にでもあります。アラートの音に危険を感じる、腐った臭いがするものは食べないようにするなど、感覚とはからだの防御反応でもあるからです。

ただ、その感覚がとても敏感に反応してしまい、日常生活に支障が出ると「感覚過敏」という特性があるといえます。光がとてもまぶしく感じる「視覚過敏」や、音に対して苦痛を覚えたりする「聴覚過敏」、マスクがつけられない「触覚過敏」など、反応はさまざまです。感覚過敏はストレスや不安とも相関があり、体調が悪いときや不安が高まると、症状が強くなる場合があります。

逆に、「これから大きな音が出るよ」と、あらかじめ見通しを伝えておくと軽減されることもあります。ベチャベチャしたものを触るのが苦手な私も、化粧品のクリームは塗れるように、「これは必要なことだ」と理解することで平気になる場合も。

無理やり我慢するのではなく、つらさが軽くなるよう工夫することも大切です。屋外ではサングラスをかけたり、イヤーマフやヘッドホン、耳栓などを利用したりするなどの対処法を考えてみましょう。

なお、感覚の偏りは発達障害の診断基準の一つでもあります。心配な人は専門の医療機関に相談しましょう。

第4章

お子さんの可能性を最大限広げる能力の伸ばし方

異なる認知特性や能力を身につければ、選択肢も広がる

この本では、認知特性をタイプ別に分けていますが、視覚優位だからといって聴覚の認知を使わないということはありません。視覚認知が優位な人でも言語は使いますし、言語で思考する人でも場面を映像として想像することは、もちろんできます。

視覚も聴覚も言語も、偏りなくバランスよく発達している人もたくさんいますし、この場面では視覚イメージ、あの場面では言語イメージというように、使い分けている人も少なくないのです。

私の周りにいる、いわゆる「デキる人」というのは、六つの認知特性のうち異なる優位性で二つ以上の高い特性を持っている人が多いようです。たとえば、①カメラタイプと④辞書タイプ、というように**優位性の異なる認知特性が同等に高い**ということです。

違う特性を備えるとコミュニケーションがスムーズになる

たとえば、視覚優位の人は言葉がなくても「こうしよう」という案を視覚的なイメージで思い浮かべることができます。デザイナーであれば「まさにこのデザイン」というポスター、建築家なら「この設計こそ、あの土地に合っている」という建造物、あるいは外科医なら「この方法で手術すればうまくいく」といった術式など、自分の考えをビジュアルで頭に描けるのです。ただし、それだけでは物事はうまく進みません。

なぜなら、仕事や人づき合いが欠かせない社会では常に相手が存在するからです。それは上司や同僚であったり、クライアントや患者であったりとさまざまですが、考えを受け取る相手が同じ視覚優位でなければ、その価値を共有するのは難しいでしょう。

でも、そこに、言語思考をする認知特性が備わっていたらどうでしょうか。言語優位の人は問題点を見つけ、対策を立てたり、要点をまとめたりするのが得意です。イメージ以外に言語での説明やプレゼンテーションができれば、相手にも理解されやすくなります。

すると、相手から「そのようなコンセプトと過程があって、このデザインになったのですね」とか、「理にかなった設計なのですね」などと感謝されたり、「説明も納得できて、信用のできる医師だ」というような評価につながったりするのです。

認知特性は後天的に鍛えられる

デザイナーをしている夫は視覚優位のカメラタイプなのですが、同僚との会話で「微妙な色みに近づけて」「もっと気配を感じるように」といった曖昧な表現をよく使っています。言葉を超越した豊かなイメージが夫の頭の中にあるのだろうなと思う一方で、「こんな指示でわかる人ばかりではないだろう」とも思うのです。

デザイナーとして大成している人は、言語能力にも長けていると夫は言います。二つ以上の認知特性を備えていると、成功しやすく、世界も広がるといえるでしょう。

ちなみに、認知特性は生まれながらに備わった特性ですが、優位でない特性も鍛えることは可能です。視覚優位でグラフィックを学んでいた知人が、デザイナーから記者に転向して仕事をしていくうちに、「耳からの記憶がよくなったので、取材中は映像でイメージせずに音のみで処理している」と話してくれたように、大人になってから後天的に別の認知特性を使うようになった人は少なくありません。

認知特性とは別に「能力」を高めて「デキる人」になる

ただし、認知特性の定まらない小学校高学年くらいまでは、低い認知特性を鍛えようとするよりは、**優位性の高い特性を意識して、子育てに役立てる程度がいい**でしょう。

鍛えるのであれば、認知特性とは別に、後述するほかの「能力」、たとえば、記憶力や集中力、継続力、創造性といったものを伸ばすようにサポートしてください。こうした能力にも生まれつき得手不得手がありますが、適切な教育や環境といった周囲のサポートによって鍛えることができ、持って生まれた才能が開花しやすくもなります。

認知特性にプラスして能力を高めることで、お子さん自身の思考力や行動範囲が広がり、将来の選択肢もまた広がるでしょう。

ここに注意！　親子で認知特性が違う場合の「伝え方」

今までお伝えしてきたように、人には認知特性があり、同じことを聞いても、また同じものを見ても、誰もが同じように理解したり、記憶したりするわけではありません。たとえば、ママ友から「うちの子どもが習っている英語教室おすすめよ。英単語もどんどん覚えるし、楽しく通っているわ」と聞いたとしましょう。それならわが子も、と通わせてみたところ、まったく英単語を覚えられなかったり、教室に通うのをいやがったり……というようなことはよくあることです。

第3章のラジオタイプの項でも紹介した、本田式認知特性研究所ＬＬＰで一緒に活動している粂原さんは、オンライン個別指導塾を運営されているのですが、塾生からよくある相談は「暗記が苦手」というものだそうです。たしかに成績を上げるためには、英単語や数学の公式、歴史用語などの暗記は避けて通れません。暗記ができずに「私は頭が悪い」と思い込んでいる生徒も少なくないといいます。でも、暗記が苦手なのは自分の認知特性に合った覚え方をしていないからかもしれません。

子どもの認知特性に合った対応を

子どもの**認知特性に合った学び方をしなければ、本人にとって勉強は苦痛でしかありません**。みんなはわかるのに自分だけちんぷんかんぷん、という状況が続けば、勉強そのものがいやになってしまうでしょう。親や周りのお友だちが、英単語を書いて覚えたからといって、どの子も同じやり方で勉強すれば成績が伸びるわけではないのです。

普段、子どもと会話がどうもかみ合わない、子どもに指示したことが伝わらない、勉強を教えてもどうもピンときていないようだ、というようなときは、親子で認知特性のタイプが異なるのかもしれません。

ここでは、自分とは異なる認知特性の子どもとの接し方のポイントを説明します。

●視覚優位と言語優位の場合

第1章でもお伝えしたように、視覚優位の人は感覚的思考の右脳タイプで、情報処理をするときは同時処理を行います。一方、言語優位の人は論理的思考の左脳タイプで、継次処理が得意です（54ページ）。

この二つの認知特性は脳の左右のように、いわば対極している特性のため、互いにコミュニケーションを取るのが難しいといえます。視覚優位の人は、自身の伝えたいイメージが自分の言語をはるかに超えています。イメージは鮮明で具体的な一方、言語は曖昧で抽象的。そのため、視覚優位の人は伝えたいイメージが伝わらないジレンマを抱きますし、言語優位の人は言葉で説明しても伝わらずにイライラするかもしれません。

そんなときは、写真や映像、図などを用いてみましょう。子どもが視覚優位であれば、「アニメのあのイメージ」とか「この写真のような人」など、画像を使って説明すると理解が早いでしょう。言葉でうまく説明できそうもないときは「絵に描いてみて」と促すのもいいでしょう。

また、**視覚優位の子どもは同時処理が得意なので、言語優位の親が話題を振るときは、**

まず結論から伝えるのが大切です。そのうえで経緯や選択肢について話すようにします。視覚優位の人は最初に見通しが立つと、その話題のイメージができるため、理解もしやすいのです。また、視覚優位の子どもに早口で話すと伝わりにくいので、ゆっくり話すことを心がけてください。

●言語優位と聴覚優位の場合

言語優位の人と聴覚優位の人は、どちらも言葉に反応しやすく、情報のアウトプットに言語を用いるという点で、共通しているところも多い特性です。そのため、コミュニケーションはしやすいでしょう。どちらも視覚優位の人を相手にするよりも、コミュニケーションを取るには苦労しないといえます。

ただし、聴覚優位の人のほうが耳で聞く言語処理のスピードが速く、音の記憶もいい場合が多いため、言語優位の人が相手のときは話し方に少し配慮をするといいでしょう。

言語優位の人は、物事を順序立て、理論的に思考するため、継次的に話のつじつまを合わせている場合があります。そのため、**情報処理のスピードは聴覚優位の人より遅く**

なる傾向があります。

親が聴覚優位の場合、子どもがきちんと言葉を受け止めているか、内容を理解しているか、それとも思考中なのかを意識し、話すスピードを調整しましょう。間を取りながら話すよう心がけるのもおすすめです。

また、聴覚優位の親は、揚げ足の取りすぎにも気をつけてください。たとえば、ダジャレは韻を踏むという音処理を理解できなければ、意味が通じません。同じ言語思考をする認知特性であっても、言語優位の人は音認知が聴覚優位の人ほど強くない傾向にあるので、子どもにその意味がきちんと通じていないことも多いのです。言葉遊びの意味を一生懸命に考えているそばから、揚げ足を取られたりダジャレを連発されたりしたら、疲れてしまい、考える気も話す気も失せてしまう……ということになりかねません。

●聴覚優位と視覚優位の場合

この二つの特性も対極的ではありますが、お互い情報処理のスピードが速いという共通点があります。とくに速い傾向があるのはラジオタイプと写真タイプです。

子どもが視覚優位の場合は、視覚優位と言語優位の場合と同様に、言葉だけでなく、画像や絵などをコミュニケーションツールに使いましょう。テンポよく話すのはいいのですが、ダジャレなど韻を踏んだ表現は避けて伝えたほうが話は通じやすいでしょう。

親が聴覚優位だと、一度聞いただけで覚えられるという特徴があるため、指示したことを子どもが忘れていたりすると「どうして忘れるの！」と怒ってしまいがちですが、ここは認知特性の違いを思い出して、グッと我慢しましょう。視覚優位の子どもには**言って聞かせるのではなく、メモやスケジュール表などで見せて覚えさせる**ようにします。

親が視覚優位の場合、聴覚優位の子どもには「簡潔で適切な表現」を心がけるようにしてください。聴覚優位の人は音処理も速く論理的思考を好むので、話がいろんな方向に飛んだり、内容が曖昧だと、聞く気をなくしてしまいがちです。

子どもの能力のベースにある「感覚」の個性を知る

この章の最初に、認知特性を理解し、能力を高めることでお子さんの選択肢は広がるということをお伝えしましたが、そもそも人はどのように能力を獲得するのでしょう。

それは、子どもの発達から説明することができます。

発達は、大きく**「知的発達」「運動発達」「社会性発達」の三つ**に分けられます。発達とは、いわば、その子どもの生活年齢における「能力」といえます。これらのほか、より高次な脳の機能として、注意集中力や記憶力、感情のコントロールなども年齢相応に発達していきます。これらがすべてバランスよく発達し、うまく統合して噛み合わないと、一つひとつの能力が十分に発揮できません。

そして、これらすべての能力のベースとなるのが「感覚」なのです。

発達には順番がある

赤ちゃんは全身で外界の刺激を吸収し、感覚を発達させていきますが、生後2、3カ月頃になると、自分の手を見つめたり、指しゃぶりをしたりして自分の存在とからだに気づいていきます。これを専門的には「ボディーイメージの獲得」といいますが、**自分のからだを正しく認識することが、能力を鍛える第一歩**です。

ボディーイメージは、「固有覚」「前庭覚」「触覚」という三つの感覚が基礎になっています。150ページでも紹介したように、「固有覚」は自分の手足の位置や動き、力の入れぐあいを感じる感覚で、筋肉や骨、関節から入る情報のこと、「前庭覚」はからだの傾きやバランスを感じる感覚で、主に耳の中にある感覚器官から入る情報のこと、「触覚」は触れることで皮膚から入る情報のことです。

これら三つの感覚がベースになった「ボディーイメージ」と「視覚」「聴覚」「嗅覚」「味覚」といったほかの四つの感覚とがうまく統合されて、運動面の発達や知的発達のベースができてきます。

そして、腹痛や尿意・便意といった「内臓感覚」を認識できるようになると、食事や着替え、排泄などの生活習慣能力が身につきます。

赤ちゃんの動きや興味の変化を見ていくと、じつに合理的で緻密な発達のプログラムを経ていることがわかります。生後6カ月頃に人見知りが始まるのは、慣れ親しんでいる家族とそれ以外の人を区別できるようになるからです。これは社会性が発達してきたことの現れです。人は**「感覚」を発達させてボディーイメージを獲得し、運動能力や知的能力、社会性を身につけていく**のです。

早期教育は「五感」と「からだ」を使うことから

発達の順番をまとめると、①感覚を獲得し、②姿勢やバランスを保つ力や、見通しを立てて行動する能力が身についてから、③モノを認識する能力と注意、集中、自信、自己統制する能力を獲得できます。

この③の段階まで発達したところで、初めて子どもは学習ができるようになります。

ですから、早期教育は**勉強する土台である感覚やボディーイメージをバランスよく鍛えることから始める**べきでしょう。まずは、いろいろなモノを見て、聞いて、触って、運動し、子どもの五感とからだをフルに使って、世界を体験させることが大切なのです。

「感覚」の感じ取り方は人によってそれぞれで、過敏になったり、鈍感になったりする場合があります。視覚入力に偏りがあると、おもちゃを一列に並べたり、ブロックを色分けしたりする遊びを好みますし、聴覚が敏感だと、大きな音や反響する音をいやがって耳をふさいだり、落ち着きがなくなったりします。触覚発達でいえば、泥や糊《のり》といった特定の触感のものをいやがる、帽子やセーターを着たがらないといった行動を見せます。

これら感覚の発達から起こる不思議な行動は、年齢とともに感覚が頭とからだの中で統合され、認知されていくと現れにくくなりますが、感覚のバランスや好みは生まれ持っての特性なので、人の得手不得手、あるいは好みとして残ります。

集中力が上がるスイッチの入れ方

「集中力がない」「落ち着いて授業が受けられない」といった理由で、私の診察室を訪れる子どもは少なくありません。

本来、集中力は誰でも持っている能力です。誰でも好きなことには夢中になりますし、時間を忘れて集中できます。ゲームは何時間でもできるのに勉強だと10分と続かないというのは、勉強が好きではないからです。授業に集中するコツは勉強を好きになること、などと書くと「それができたら苦労しないよ！」という大合唱が聞こえてきそうです。ただ、嫌いになる要素をなくすことも大切ですから、認知特性に応じた学びやすい勉強をしているか、改めて確認してみましょう。

集中力は「持続させる」のではなく「コントロールする」

集中力を鍛えるには、自分の**「集中」をどれだけ意識できて、コントロールできるかを知る**ことです。

まずは、好きなことに没頭して思いっきり集中する時間を意識してつくってみましょう。

そして、集中が切れたことを意識するのも必要です。いったん集中力が切れても、「あともう少し」と意識的に集中を持続させることはできますから、終わりの時間を決めて「あと何分集中しよう」と、短い目標設定をすることも大切です。このように集中力をコントロールしながら、集中できる時間を延ばしていきましょう。

集中力が切れた原因を知ることも大切

集中力が切れたときは、その原因を探ってみましょう。原因には大きく内的要因（自身の問題）と外的要因（環境の問題）に分けられます。

内的な要因としては、そもそも勉強に興味があるかどうかという好き嫌いや、疲労がある、目標やごほうびが設定されていないなどモチベーションに問題がある、といったようなことです。また、ギリギリになると焦って集中できない場合や、逆に追い込まれると集中するという場合などもそうです。こうした観点で集中力が切れる原因を探ってみると、「数学が好きだから多少疲れていても集中できる」「満点が取れたらほしいものを買ってもらえる」「追い込まれたほうが集中できるから登校前に勉強しよう」というように、集中力を高めるための対策が見えてくるでしょう。

一方、外的要因とは、周囲の環境の問題です。たとえば、聴覚が敏感すぎると、校庭から聞こえる歓声が気になって授業に集中できなかったり、クラスメートの咳払いや鉛筆の音で集中が途切れてしまったりする場合があります。視覚が敏感な場合も、視界に入るものに反応しやすく、動くものに目移りするので、窓から見える景色や先生の服装などが目について、キョロキョロしてしまうことがあります。

このように、とくに**聴覚や視覚の入力に偏りがあると集中力が途切れやすくなる**ので、机回りを片づけたり、静かな場所で勉強したり、あるいは耳栓を利用したりするなど、周りの環境を工夫しましょう。また、時間を区切って合間に休憩を入れるなど、勉強や作業の時間配分を見直すことも大切です。

感覚入力の特徴に合わせて環境を整える

私自身、聴覚がやや敏感な傾向にあるので、話しているときにテレビやラジオがついていると集中しづらくなります。また、ハンバーグをこねるときのネチャネチャした触感が苦手ですし、回転やスピードを感じる前庭覚への刺激が強いジェットコースターには絶対乗りたくありません。高所も苦手です。これらが私の感覚特性の偏りですが、家庭や職場で支障をきたすことはないので異常とまではいえないでしょう。

このように、普段から**自身の感覚入力について偏りや特徴を認識していると**、集中したいときや能力を最大限に発揮したいとき、どのような環境で行えばいいか考えることができます。

やり抜く力をつけるには「能力」を見極め、高めることが大事

本書の冒頭で述べた通り、能力の高い人というのは、テストの点数がいい人、高学歴の人とイコールではありません。では、人にはもともとどのような能力が備わっているのか、ここで考えてみましょう。

能力とは、一般的に「物事を遂行する力」のことをいいます。私は、発達障害の子どもたちを診察する小児発達医という立場から、能力を次のような三つのカテゴリーに分類しています。

❶知的能力
❷気質力
❸身体能力

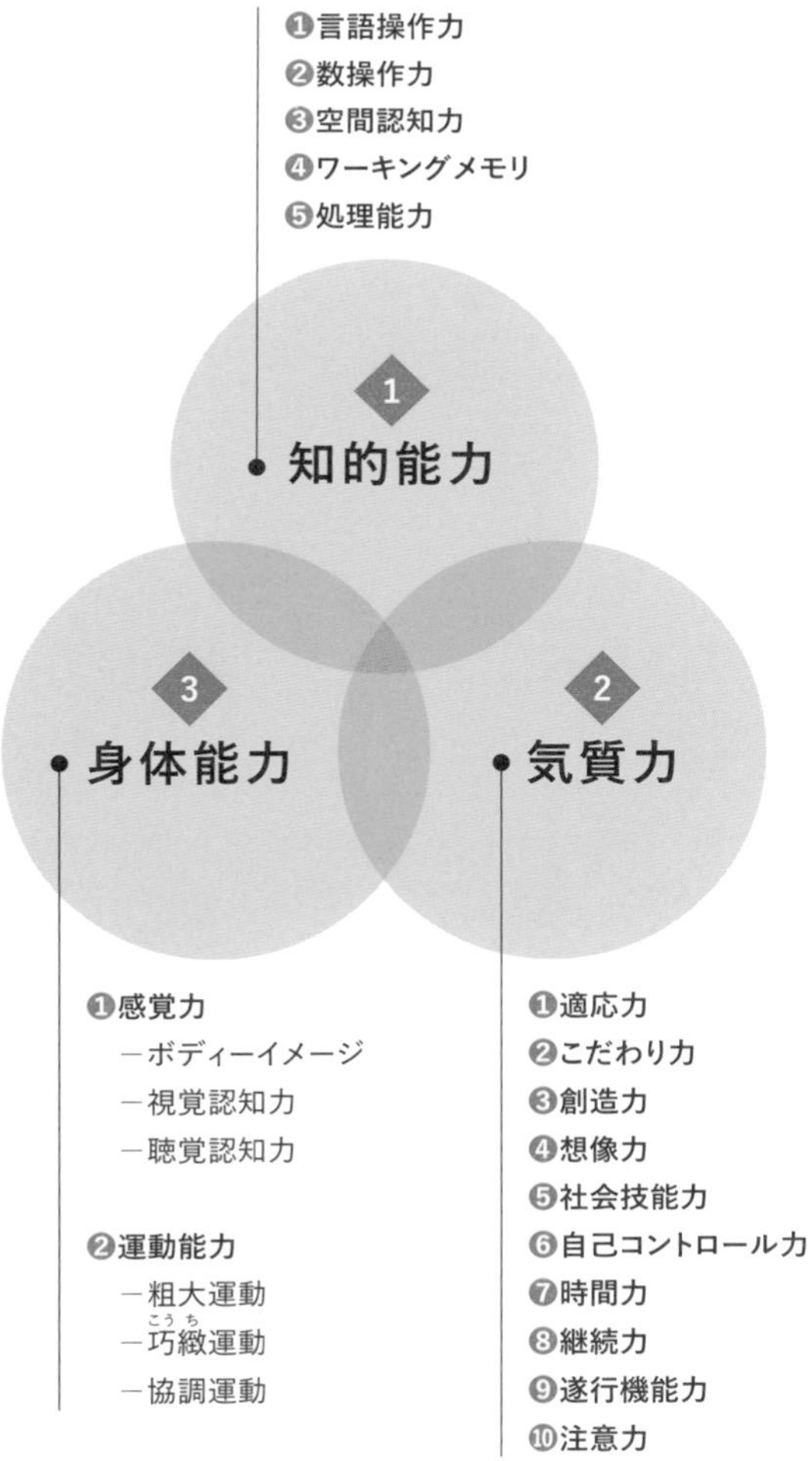
❶言語操作力
❷数操作力
❸空間認知力
❹ワーキングメモリ
❺処理能力
1
知的能力
3
身体能力
2
気質力
❶感覚力
―ボディーイメージ
―視覚認知力
―聴覚認知力
❷運動能力
―粗大運動
―巧緻《こうち》運動
―協調運動
❶適応力
❷こだわり力
❸創造力
❹想像力
❺社会技能力
❻自己コントロール力
❼時間力
❽継続力
❾遂行機能力
❿注意力

発達障害の子どもたちは、この三つの能力カテゴリーの中で複数の能力が弱いために、日常生活でさまざまな支障をきたしています。とくに第2のカテゴリーに挙げた**気質力の弱さは、自閉症やADHD（注意欠如・多動症）の診断根拠となります**。つまり、ここに挙げた能力の中で低いものがあると、家庭や学校生活、また社会生活を送るうえで困難が生じるのです。

この三つの能力群は成長するにつれ、オーバーラップし、互いに補完し合い、多様な力を発揮するようになります。

就学前後は「感覚」と「コミュニケーション」を鍛えよう

ここまで読まれた方は、子どもの発達の過程で獲得してきた「知的発達」「運動発達」「社会性発達」の三つ（166ページ）と、この能力の三つのカテゴリーがリンクしていることにお気づきかもしれません。

子どもたちが人生を自ら切り開いていくとき、社会で円滑に生きていける力は重要です。

ですから、本書では人が発達するのに欠かせない力を「能力」として定義しました。

すでにお伝えしたように**感覚を発達させることが、能力を高め、発揮させるベース**となります。子育て本などで「幼児は五感をフルに使ってからだづくりを」とすすめているのは、この感覚発達が成長に欠かせないという裏づけがあるからなのです。

もちろん、就学後でも遅くはありません。さまざまな場所に子どもと一緒に出かけ、いろいろな経験をしましょう。**新しく受けた刺激を通じて感覚は鍛えられ、発達します**。

ちなみに、大人になってから感覚を鍛えようとしても、残念ながら子どものようにスムーズにはいきません。発達段階を終えた大人の脳ももちろん学習はしますが、子どもの脳ほど感受性を持っていないのです。

次のページで、それぞれの能力についてどのような働きがあるのか簡単に解説しました。能力のベースは生まれつき備わっており、強い能力と弱い能力も決まっています。それは、3歳児の集団を見るだけでも子どもの持つ能力や特徴の差はわかります。

でも、誰でも、これらの能力の中で得意なことがあるはずです。それがお子さんの才能であり、伸ばしてあげたい能力といえるでしょう。

	能力が低いとき（一例）
	自分の意思を適切に伝えられない
	足し算や割り算ができない、単位が理解できない
	運動やパズルが苦手、不注意が多い
	文字や情報、指示されたことをなかなか覚えられない
	時間内に仕事を終わらせることができない

	能力が低いとき（一例）
	臨機応変で柔軟な対応が難しい
	変化を受け入れられない
	新しいアイデアを生み出せない
	イメージが短絡的だったり、固定観念に縛られやすい
	空気が読めない、言外のニュアンスを汲み取れない
	衝動的に行動する、熟慮しすぎて行動に移せない
	時間通りに実行できない
	同じ作業を集中して続けることができない
	片づけや整理整頓ができない、宿題をこなせない
	聞き漏らしが多い、計算間違いが多い

	能力が低いとき（一例）
	よく転ぶ、よくモノにぶつかる、運動が苦手
	似た漢字の区別がつかない、文章を行を飛ばしがちに読む
	聞き間違いが多い、文字が覚えにくい
	縄跳びができない、動きがぎこちない
	不器用、折り紙がうまくできない、文字をきれいにスピーディーに書けない
	球技が苦手、マス目に合った字を書けない

三つの能力 カテゴリーと能力の種類

●知的能力

言語操作力	読む、聞く、書く、話す力、言葉で考える力
数操作力	数や数量に対して、計算したり操作したりする力
空間認知力	物体の位置、方向、距離などを把握する力
ワーキングメモリ	情報を記憶し、優先順位をつけたり取捨選択したりする力
処理能力	単純作業をスピーディーに正確に処理する力

●気質力

適応力	物事や課題に応じてすばやく対応できる力
こだわり力	物事を規則正しく、手順通りに常に実行する力
創造力	これまでにない新しいモノやアイデアを生み出す力
想像力	目の前にはないことを想像する力
社会技能力	人と上手につき合える力
自己コントロール力	感情や行動をコントロールする力
時間力	決まった時間に合わせて行動できる力
継続力	物事を継続して実行する力
遂行機能力	計画を立て、段取りを検討し、実行する力
注意力	物事に注意を向け、それを持続させる力

●身体能力

ボディーイメージ	自身のからだのサイズ感や動かし方を把握する力
視覚認知力	視る力、目を上手に動かせる
聴覚認知力	聴く力、聞いた情報を理解する力
粗大運動	歩く、走る、投げる、蹴るなどからだ全体を使った運動
巧緻運動	箸を使う、文字を書く、紐を結ぶなど手先の細かい運動
協調運動	道具を使ってからだの2カ所以上の部位をスムーズに動かす運動

能力の強弱には、生まれつきの個性がある

第一の能力である「知的能力」は、誤解を恐れずに言えば「勉強ができるか、できないか」ということです。ただし、学力（学習能力）とはイコールではなく、また医療や教育の場でよく用いられる知能検査（ＩＱテスト）ともイコールではありません。

学力を上げるには、知的能力がベースになりますが、そのほかの気質力や身体能力も関係してくるからです。

いくら知的能力にすぐれていても、勉強を続ける粘り強さがなければ、テストでいい点数は取れませんし、注意力が欠如していればケアレスミスが多くなり成績に反映されません。また、学業の成績が悪くても、社会に出てから大成する人はたくさんいます。そういう人は知的能力が低かったわけではないのです。違う先生に出会っていたり、違う学習法を提示されたりするなどして、モチベーションが勉強に向かっていたら、成績は大きく変わっていた可能性は十分にあります。

能力のバランスを意識する

また、能力は必ずしも高ければいいというわけではありません。たしかに知的能力が高ければ優秀と評価され、学校の成績にも反映されやすいでしょう。しかし、知的能力を構成する要素のバランス（強弱の差）も重要なのです。

たとえば、言語操作力は高いけれど、ワーキングメモリや処理能力が低い場合、言われたことをすぐ忘れたり、不注意が多かったりします。「何度も言ったのに、どうして直せないの！」と怒られることもあるでしょう。そのため、周囲からやる気がないなどと誤解されたりもします。

大切なのは、**お子さんの能力のバランスを見極め、不得手なことは何か、どう対処すればいいかを考えること**なのです。

気質力もバランスが大切

「気質力」とは、社会生活を送るうえで欠かせない基礎的な能力です。気質と性格は混同しがちですが、性格の基盤をつくるものが気質だと考えるといいでしょう。本書で挙げた10の能力は発達障害医療をベースに分類したもので、とくに発達障害の人が弱さや強さを持っているものです。この能力が弱かったり、バランスが悪かったりすると、日常生活に支障をきたしやすく、困難にぶつかりやすいのです。

たとえば、「こだわり力」が強すぎると、自分のルールや方法にこだわりすぎて先へ進めなくなります。変化を受け入れられず、思い通りにならないとパニックを起こしてしまう場合もあります。特定のものへの執着が強く、興味や関心の幅が広がらないので、選択肢が狭まりがちです。一方、人並外れたこだわりによって、ほかの人にはない技術や専門知識を身につける場合もあります。

気質力は生まれながらの素質なのですが、意識することで社会に順応するためのソーシャルスキルを身につけることができます。

運動ができる子は知的能力も高い

身体能力とはからだを使いこなす能力のことで、脳機能と非常に関連しています。すでにお伝えしたように、ボディーイメージは感覚発達がベースにある（１６７ページ）ので、**身体能力が高いと知的能力にも好影響を与えます**。

スポーツには頭がよくなる要素がたっぷり詰まっています。文武両道というように、からだを動かしていると、脳の基礎となる感覚を鍛え、さまざまな能力を育むことができるのです。ちなみに、すぐに自転車に乗れた人や、折り紙や工作などが得意な人も身体能力が高いといえます。

一方、ボディーイメージの形成につまずくと、姿勢を保持したり、対人的な距離感をつかんだりすることが苦手になります。つまり、姿勢よく授業を受けられることは能力であり、また、からだを動かすことで鍛えられる能力でもあるといえます。

親の声かけで、子どもの弱みを強みに変える

わが子のいいところと悪いところを10個ずつ挙げてみましょう。

さて、どちらのほうがスムーズに挙げられましたか？　悪いところのほうが見つけやすかったのではないでしょうか。いいところを10個も挙げられなかった……と落胆する方もいるかもしれません。「ほめて育てよう」ということが合言葉になるぐらい、意識しなければいいところを見つけるのは難しいものです。

しかし、欠点と感じていることも裏を返せば、長所になることもあります。「怒りっぽい」のは自分の気持ちに素直、正直といえますし、「継続力がない」はあきらめがいい、というように。**能力についても高くても低くても表裏一体**なのです。

前項でもお伝えした「こだわり力」は、自己コントロールができなければ、たんに融通の利かない人ですが、そのこだわりを意識して方向性を間違えなければ、「決めたことをあきらめずにやり抜く人」になれるのです。

能力を発揮させるポジティブ・シンキング

たとえば、不注意が多く、自己コントロール力の弱い子どもがいたとしましょう。いつも忘れ物をしてばかりで、自分の思いがすぐ行動に出るため、ささいなことで手を出し、お友だちともトラブルをよく起こしがち……。

そんなお子さんにどんな声かけをしますか？

「忘れ物しないようにいつも言っているのに、どうしてできないの？」と責めたり、「お友だちを叩いてはダメじゃない！」と叱責を繰り返していませんか。

自分の行動をいつも周りや親から責められたり、怒られたりしていると、子どもは「自分は何をやってもダメな人間だ。注意力がないから何かやれば必ず失敗するし、すぐカッとなるから、嫌われ者になるだけだ」とネガティブな思考を持ちやすくなります。チャレンジすることや人づき合いも避けるようになるでしょう。

こんな場合は、次のように捉えてみてはどうでしょう。

「忘れ物をしやすいのがこの子の気質だ」と考え（あきらめ）、忘れ物をしないように子どもと一緒に対策するのです。たとえば、持ち物リストでチェックさせ、子どもが学校から帰ってきたら「渡されたプリントはない？」などと声をかけます。いわば、マネージャーになったつもりで、子どもをサポートするのです。

友だちとのトラブルには、相手を叩いてしまった意図を聞き出し、子どもの気持ちに共感したあとで、叩くのではなく、どのようにすれば解決できたかを提案します。

もし、衝動的に何かにチャレンジしたときは、たとえ失敗しても（たいてい失敗しますが）「ドンマイ！　それをやろうとしたアイデアはすごいね！」と行動に移したチャレンジとプロセスをほめましょう。もし、成功したら結果を最大級にほめるのです。

このように、トラブルや失敗といった事象もポジティブに捉え、声かけをしていくと、子どもは「失敗したってなんとかなる」とポジティブな思考とチャレンジ精神を持ちやすくなるでしょう。

競争心も上手に活用する

「負けたくない」という気持ちも、子どもの能力を開花させるエンジンになります。競争心が弱く、やる気が見られないお子さんは、生まれ持っての性格もありますが、自己肯定感の低さが原因となっていることもあります。負けるかも、と思っても果敢にチャレンジできるのは自信がないとできませんし、自尊心が強ければ、勝敗よりも挑戦すること、結果よりプロセスに価値を見出せるからです。

そのためにも、**子どもの得意分野を磨いて、自己肯定感を高めることが大切です**。「得意なこと」には負けたくないという気持ちが働くので、競争心がわいて、頑張るモチベーションになるでしょう。

そして「負けてもいいんだ」というポジティブ思考が持てることも重要です。親は「チャレンジしたんだ、すごいね」「集中できていたね」などと声かけをしましょう。

特性や能力の偏りが強い子どもの支援とは

近年、発達障害を早期に発見することが必要だとされ、保育や教育の現場で子どもたちの気になる行動に注意が払われるようになってきました。本書でも能力についての項で紹介した「気質力」は、発達障害医療をベースに分類したもので、とくに発達障害の人がいくつかの能力で弱さや強さを持っています。

私は、日々の診察で発達障害の子どもたちに接していますが、お子さんとその保護者の方に「診断をつけることは重要ではありません」と、よくお話しします。実際に、発達障害と定型発達との境界線は曖昧（スペクトラム、連続体）で、複数の障害が併存していることも多く、また、幼児の場合は発達途中であるため、症状も大きく変化することがあるからです。

気質力で挙げたそれぞれの能力が強すぎたり、弱すぎたりする場合でも、「うちの子は発達障害ではないか」と決めつける必要はありません。なんらかの問題があったとしても、周りにいる親や教師、友人たちがその子の特性を知り、認め、社会生活を送るうえでうまく折り合いをつけることができれば、それは個性であって診断名は必要ないのです。発達の偏りという点では、認知特性のテストでずば抜けて高い特性がある人もまた、偏りがありつつも高い能力があるともいえます。

発達障害は特性の強弱と考えれば、治すものではありません。診断をつけたからといって、子どもの困り事が改善されるわけではないのです。特性について知り、能力のバランスを理解することで、失敗を繰り返しながらも社会に適応する知識や技術を得て、行動をコントロールする術《すべ》を身につけることが大切です。

「発達障害だからできない」という決めつけはせず、ポジティブ思考で子どもを見守るようにしましょう。大切なのは、わが子の能力が何かを知り、弱みを補う方法を探ること。そして、強みでカバーできるよう、子どもの長所が伸びるようなサポートをすることなのです。

おわりに

おしゃべりな子、絵が得意な子、本が大好きな子、おしゃまな子、人見知りな子、こだわりの強い子、成績がいい子、学校が嫌いな子……。

小児科の診察室は個性派ぞろいとの出会いの毎日。

色とりどりの未来をもつ種ばかりです。


答えのない時代。

大人にも正解がわからない時代。

子どもたちの未来はこれからどうなるのでしょう。

【みんな違ってみんないい】

単純なようで、正義のようで、当たり前のようで、誰もが理解しているようで……

子どもの世界では意外と難しい。
【子どもたちに自己肯定感を】
ほめて育てる？　長所を伸ばす？　ありのままを受け止める？
大人の価値観では意外と難しい。

答えのない時代。
子どもたちがどう考え、それぞれがどんな正解を導き出すのか。

認知特性を通じて、子どもたち一人ひとりに幸せな未来が溢れますように。
大人たちに伝えたい「評価のモノサシ」。
子どもたちに伝えたい「自分のモノサシ」。

２０２４年３月

小児発達医　本田真美

本田真美（ほんだ・まなみ）
医学博士、小児科専門医、小児神経専門医。みくりキッズくりにっく院長。
東京慈恵会医科大学卒。国立小児病院にて研修後、国立成育医療研究センターや都立多摩療育園、都立東部療育センターなどを経て、2016年に「みくりキッズくりにっく」を開院。医療だけでなく教育や福祉・行政などさまざまな分野の専門家が互いに協力し合う多職種連携の推進を実践している。2023年より日本小児診療多職種研究会理事長。また、2022年に認知特性に関する研究を行う「本田式認知特性研究所LLP」を設立。著書に『医師のつくった「頭のよさ」テスト』（光文社新書）などがある。2024年8月に「あのねコドモくりにっく（仮称）」開院予定。

●みくりキッズくりにっく　https://www.micri.jp
●本田式認知特性研究所LLP　https://www.cogtem.com

Staff
デザイン／川添和香（TwoThree）
イラスト／平尾直子
執筆協力／東裕美
校正／石井文雄
編集／村松千絵（有限会社クリーシー）

本書の内容に関するお問い合わせは、お手紙かメール（jitsuyou@kawade.co.jp）にて承ります。恐縮ですが、お電話でのお問い合わせはご遠慮くださいますようお願いいたします。

認知特性タイプを知って隠れた「得意」を掘り起こす！
子どもの「ほんとうの才能」を最大限に伸ばす方法

2024年3月20日　初版印刷
2024年3月30日　初版発行

著　　者　本田真美
発 行 者　小野寺優
発 行 所　株式会社河出書房新社
〒151-0051　東京都渋谷区千駄ヶ谷2-32-2
電話　03-3404-1201（営業）
03-3404-8611（編集）
https://www.kawade.co.jp/

印刷・製本　三松堂株式会社

Printed in Japan
ISBN978-4-309-29389-9